字 燭 未 來
TopBook

肇造文明

史前中国艺术浪潮

白陶

王仁湘 著

陕西新华出版
陕西人民出版社

图书在版编目（CIP）数据

肇造文明：史前中国艺术浪潮. 白陶 / 王仁湘著. -- 西安：陕西人民出版社，2024. -- ISBN 978-7-224-15498-6

Ⅰ. K87

中国国家版本馆CIP数据核字第2024ME1842号

出 品 人：赵小峰
总 策 划：关　宁
出版统筹：韩　琳
策划编辑：王　倩
责任编辑：晏　藜
封面设计：哲　峰
版式设计：建明文化

肇造文明：史前中国艺术浪潮·白陶

ZHAOZAO WENMING:SHIQIAN ZHONGGUO YISHU LANGCHAO · BAITAO

作　　者	王仁湘
出版发行	陕西人民出版社
	（西安市北大街147号　邮编：710003）
印　　刷	西安市建明工贸有限责任公司
开　　本	889毫米×1194毫米　1/32
印　　张	8.375
字　　数	140千字
版　　次	2024年9月第1版
印　　次	2024年9月第1次印刷
书　　号	ISBN 978-7-224-15498-6
定　　价	79.80元

如有印装质量问题，请与本社联系调换。电话：029-87205094

总 序

史前造神运动中的三次艺术浪潮

人类之所以是人类，非常重要的一个原因是我们拥有信仰，以及与信仰相关的艺术。关于艺术的起源，当代学人还没有追溯到它真正的源头，不能否认在追寻中我们可能忽略了信仰这个理由。特别是我们要讨论的造型艺术，它不是一般的再现艺术，不是偶尔的摹写现实，而是一种灵魂艺术，是造神艺术。

我们在这里要讨论的并不是起源阶段的艺术，而是史前中国出现过的三次艺术浪潮，三次浪潮具有共同的主题，都是在造神运动中涌起，是非常成熟的艺术风潮。对于这三次艺术浪潮的认知，是随着考古资料的积累逐渐清晰和深化起来的。艺术借信仰而升华，在不断提升的技术支撑下发展，史前时代的创造为我们今天遗留下数不胜数的艺术珍品，也记录着那个时代先人们的精神追求。

对于史前中国艺术浪潮的认知，我自己经历了由一次到两次、再由两次到三次的理解过程。近20年，我用了较多的精力梳理黄河流域的史前彩陶，用5年时间撰成《史前中国的艺术浪潮》，首次以"浪潮"形容庙底沟文化彩陶的传播。

我在《史前中国的艺术浪潮》的"结论"中指出，史前同类彩陶的分布，有时会超越某一个或者某几个考古学文化分布的范围。彩陶的这种越界现象，为我们理解其意义和魅力，提供了重要启示。越界即是传播，这种传播一定不仅是扩散了一种艺术形式，它将彩陶艺术中隐含的那些不朽的精神传播到了更远的地域。在庙底沟文化中，这样的彩陶越界现象发生的频度很高，若干类彩陶纹饰的分布范围，远远超越了自身文化的分布范围，让我们感觉到有一种强大的推力，将庙底沟彩陶的影响播散到了与其邻近区域的文化中，甚至还会传播得更远。对于这种推力，只有用"浪潮"这样的词来描述才最为贴切，彩陶激起的浪潮一波一波地前行，一浪一浪地推进，它将庙底沟文化的艺术传统与精神内涵传播到了更广大的区域。

对于彩陶这种浪潮式传播现象的实质，我的认识是：它是基于中华文明形成过程中大范围的文化认同而产生的，这个艺术浪潮的内在动力，是彩陶文化自身的感召力，其传播过程即是一种文化趋同的过程，趋同的结果则说明了主体意识形态的成功建构。彩陶作为一种艺术形式，在庙底沟文化时期形成了振荡史前人类心灵的一次大浪潮。这一次艺术浪潮的影响力，大大超越了彩陶的范畴，也大大超越了艺术的范畴，它不仅超越了地域，也超越了历史，使得古今传统一脉相承。

《史前中国的艺术浪潮》首版于2011年，书中特别提到史前造神运动推动了彩陶的传播，我后来抽出其中的论点写成一篇短文《看远古如何造出神模样》，发表在《光明日报》（2015年11月），文中简略提到白陶、彩陶和琢玉三段式造神的异同与变化。

这篇短文强调，在史前艺术中，有一些半人半兽的艺术形象，不论是在彩陶上抑或是在刻画纹样中，这样的形象都被我们认作神面，是将神灵人格化后塑造的偶像。这样的神面，表现出特别的恐怖感，你觉得它像人，但它并非人。将神面刻画成狰狞模样，大约是史前艺术表现方式上的一个通例。圆瞪的大眼、龇出的獠牙，恐怖之态令人惶感,这样的神面,是史前人制作的神灵的简化图形,它并不只是表示一个头面,而是以头以面代表神灵的本体,头面是神灵完形的一个象征,一个简约的造型。

特别值得注意的是,龙山、良渚和石家河文化玉器上雕刻的那些神面,被装饰在一些玉牌、玉钺和玉琮等礼器上,神面上刻有向上与向下龇出的獠牙,恐怖之余,也显出庄重与威严之感。从良渚人制作的神面看,有的是有体有面的完形,而大多数是被简化的只有嘴与眼的脸面。大量的神面都是被简化过的样貌,而最经典的简化方式,就是最后只留下神的一双眼睛。玉琮上许多的神面,只有眼或嘴,有时连嘴也不见了。这样看来,对于良渚人来说,神的眼睛应当是最受他们关注的。

文章进一步指出,更早的发现是湖南洪江高庙遗址出土的白陶上刻画的神面,神面的构图非常完整,已经是很固定的形态,也都显露着龇出的獠牙,狰狞之态跃然眼前。发掘者将这个遗址的早期遗存命名为"高庙文化",年代早到7000多年前,这是中国史前陶器上出现的年代最早的神面。

这些神面与后来的良渚文化神面显得不同,良渚人简化后的神面已经没有了狰狞的模样,而高庙人简化的神面因为尖锐的獠牙尚存,还显现着狞厉的神态。

半坡人绘在彩陶上的神面不多，最可能的原因是，半坡人与庙底沟人一般并不在彩陶上描绘神面，即使要绘出这类神面，或许也只会绘成简省的样式。虽然如此，在彩陶上偶见的神面也有尖尖的獠牙，与白陶和玉器上的神面遵循着同样的艺术表现模式。

短文中还发出了这样的疑问：到底神面图像可以简省到什么程度，是保留眼睛还是獠牙？对这些疑问目前并不能清晰地解答，还需要更多的论据和更细致的论证。

在 2016 年 11 月于杭州举行的纪念良渚遗址发现 80 周年研讨会上，我应邀做了《彩陶与刻画：史前之旋在南国》的演讲，将彩陶与琢玉的纹饰进行比照，以论证它们推动了史前中国的两次艺术浪潮。次年我在陕西和南京又分别做了三次公开演讲，进一步明确了彩陶与琢玉掀起了史前中国的两次艺术浪潮，且两次浪潮具有相续的传统。

在这几次演讲中，我明确提出："六千年前彩陶掀起史前中国的一次艺术浪潮，带来黄河流域及邻近区域大范围的信仰认同，东方文化重要基因开始组成。继彩陶之后的琢玉是史前中国出现的又一次艺术浪潮，波及从北到南四大河流域，玉礼器成为文化高度认同的象征，东方文明序幕由此开启。"对于这几次艺术浪潮的联系，我特别强调了这样的认识："彩陶与琢玉具有一脉相承的艺术传统，使用同一的旋式元素掀起造神运动，形成以阴阳观为主导的宇宙观，奠定了一统华夏的文化基础。"

在与赤峰学院红山文化研究中心负责人所做的访谈中，我再一次将彩陶与玉器艺术主题合并探讨。基于地纹彩陶，解读出其主体纹饰旋纹，接着又循着这样的思路，解读了大量良渚文化玉器的旋纹，提出了彩陶与玉器艺术传统之间的内在联系。特别是在认识这种旋纹构图的同时，明晰了良渚玉器雕琢中精密的"阴夹阳"工艺。这种工艺不仅影响了龙山和石家河文化，也影响到三代时期的琢玉纹饰表达体系。

在这次访谈中，我还特别强调了对考古资料认知的难度："对于彩陶纹饰的重新解读，是在彩陶发现 80 年之后。对于琢玉工艺的重新解读，是在良渚玉器发现 80 年之后。这两个时间节点似乎可以给出这样一个提示，许多经历了长时间反复研究的材料，其实可能还存在不少没有解开的结，对它们的研究还远没有抵达终点。"

良渚博物院重张时，我受邀前往参加"良渚文化周"系列活动，又以《天目炯炯：良渚艺术的灵魂》为题，重申了旋纹的象征意义。由 20 多年前讨论旋纹与眼睛的关系而确认了旋眼图像，在良渚玉刻中确认了旋眼的存在。良渚人刻画出的旋纹，与眼睛大有关系，良渚神面上的眼睛，是旋目，是天眼。旋目、天眼在玛雅文化中是太阳神的特征，所以可以认定彩陶与玉器上的旋眼神像应当就是太阳神，相关图像都是太阳崇拜的意象表达。

近些年对彩陶的关注度有所提升，前两年山东博物馆和金沙遗址博物馆举行过专题展览，也有如甘肃省博物馆有彩陶常设展，这些展览反响都不错。2018年在长沙博物馆揭幕了一个彩陶展，再次展示黄河史前彩陶，我有幸应邀前往参观，并为公众做了一场演讲，重点也是由彩陶和玉器上的旋纹谈到史前太阳崇拜观念。

在这次演讲之前我参观了湖南省、市两个博物馆，意外看到了不少湖南出土的白陶，为那些精致神秘的纹饰而动容。这次演讲的主题是进一步诠释彩陶与玉器的共有旋纹，定义"史前造神运动中的艺术浪潮"，而且明确对听众说，史前中国经历了三次艺术浪潮，有相同的造神主题、相同的艺术元素。三次艺术浪潮的表现形式不同，艺术的介质不同。压画纹白陶与骨木雕刻为第一次艺术浪潮的作品，彩陶和玉器为第二和第三次艺术浪潮的作品。

离开长沙不久，我又去了杭州萧山跨湖桥遗址博物馆，再次与那里展出的湖南白陶近距离接触，感受到了一种震撼的美。白陶上用篦点压印出来的图案可以如此之美，美得无以复加，也神秘得无以复加。

在跨湖桥遗址博物馆举办的湖南白陶研讨会上，我奉出的演讲是《人神之间：史前造神运动中的三次艺术浪潮》，至此，三次艺术浪潮的认识框架完整确立。我用了三种颜色来形容三次艺术浪潮的代表物，即白、骝、青三色；白自然是指白陶，骝则指兼具红黑色的彩陶，而青指的是玉。这三者恰似三匹神马一般，它们的出现各逢其时，各显其美，来势如大潮翻涌。

有意思的是，这三色所处的艺术时代虽然差距很大，但三个时代却贯通和遵循着相似的表现方式，即阳纹与地纹方式。白陶上有相当多的图案都是采用篦点压印衬出阳纹，彩陶则多采用地纹方式表现图案，地纹原理与白陶阳纹是相通的。而玉器纹饰也多用"阴夹阳"的方式刻画，它又更接近白陶上图案的表现方式，而河姆渡文化诸多艺术作品也采用的是阳刻方式。

巧合的是，在为这次《湖南白陶展图录》所作的序中，刘斌先生采用了"三次艺术高潮"这样的定义，表达的也是相似观点，我们的认知可谓不谋而合。

史前造神运动，七八千年前潮起大江之南，这个我们过去没有想到。当白陶发现许多年以后，我们才开始关注，才觉得需要认真解读。这也在提醒我们，对于南方史前文化的发展高度，过去是明显低估了。

对于黄河彩陶之美，我们已经见惯不惊，很长时间以来我们都将它作为史前巅峰艺术来领悟。可面对相较于彩陶晚发现半个多世纪的更精致的玉雕与白陶压画艺术之美，我们在哑然许久之后，才开始学习接纳它们，将它们重新建构在史前艺术传统体系之中。

艺术在史前是信仰飘扬的旗帜，白陶、彩陶和玉器就具有这样的旗帜意义。那些旋纹、眼睛、獠牙、神面，那些八角纹、鱼纹、鸟纹，还有蟾蜍纹，都是这旗帜上的标志。说来这些图形也并不神秘，它们都是先人造出的神灵，取之于天地之间，藏之于胸臆之内。

三次艺术浪潮，为何留有那么精致细微的表现，此刻想起我在评述良渚人玉器微刻时写的话来：

为何一定要雕刻出这么小的神人像？为何要下这样的功夫，刻大一点难道不成吗？

精细之中见精神。也许就是为着追求一种常人达不到的境界，一刀刀一遍遍刻着，一天天一月月刻着，不厌其烦，不废其功，不累不倦，无寒无暑。这是一条精巧的通神之路。

如果不是坚信神明在天，如果没有那一份虔诚，良渚人不会做，也做不到这样的事情，我信。

玉器的微刻如此，白陶和彩陶的制作也是如此，都是这种精神的结晶。

在史前时代，艺术固然是信仰的表达形式，但也不能忽略科学的支撑。陶器的烧造、彩陶色料的选择、玉石的切磋雕琢，都离不开科学思维。有人说艺术是最不科学的科学，科学是最不艺术的艺术，这话并不科学。又有人说艺术的最高境界是科学，科学的最高境界是艺术，这在史前是千真万确的。当艺术展开科学的翅膀，就能远走高飞打动更多的心灵。

在史前也许只有这三次艺术浪潮，或许还会有更多的发现能证实并不只有这三次。例如岩画艺术，但它更多地表现为再现艺术，能不能列入浪潮序列，也还可以探讨。如果将来有了新发现，我们也一定会重新调整史前艺术架构，也一定可以真切地了解那造神运动中更多的细节。

前言

史前艺术：信仰飘扬的旗帜

在文字出现之前的时代，艺术就已经产生，而且前后涌起几次大艺术浪潮。史前中国的大艺术浪潮，根据考古发现判断出现过三次。

第一次艺术浪潮，出现在8000—7000年前的白陶艺术时代。艺术中心是长江以南，影响远播江北、岭南。

第二次艺术浪潮，出现在7000—5000年前的彩陶艺术时代。艺术中心是黄河中上游，影响远及西北、东北和江南。

第三次艺术浪潮，出现在5000—4000年前的琢玉艺术时代。艺术中心是东南地区，影响远及长江和黄河中游、东北和西北。

白陶艺术作品是以细密的压画方式，在陶器上表现出精致图案，多见兽面与飞鸟题材，主要体现太阳崇拜内涵。

彩陶艺术作品是以色彩绘画的方式，在陶器上绘制出精美纹饰，多见鱼纹与鸟纹题材，主要体现自然崇拜内涵。

琢玉艺术作品是以切磋玉料的方式，在玉器上琢磨出细腻纹饰，多见神面与神灵题材，主要体现神灵崇拜内涵。

在8000—4000年前，白陶、彩陶和玉，是史前重要的几种艺术载体。这三次艺术浪潮，都是以造神运动为动力，随着信仰认同过程传播艺术，借助艺术传播信仰。同时，艺术的一次次扩散，又使信仰播散到远方。

所以我要说，在史前时代，艺术是信仰的旗帜，承载着艺术的白陶、彩陶和玉器，就是其飘扬的三面旗帜。

王仁湘

2024年8月

目 录

001　第一章　高庙之光

　　003　白陶上的"太阳"

　　009　从写实到极简

　　014　十字与方圆

　　029　神诡 T 形符

　　041　太阳的光芒——连珠纹追踪

　　066　最早的八角星

　　071　柿蒂纹：四叶方花之源

　　081　2000 里 +2000 年：高庙白陶北行记

　　090　太阳神树与太阳屋

097　第二章　獠牙神面

　　099　獠牙神面

　　113　与鸟齐飞

　　127　神面展翅

　　140　极简之路

　　147　神面的唇口

154 　南北獠牙神及猪形象的神化

193 　獠牙神面和日乌：大塘遗址的彩陶与白陶

197 **第三章　日乌展翅**

199 　日乌展翅

213 　日乌的翅膀与太阳崇拜

222 　翻转的纹饰，倒飞的日乌

230 　罕见的侧飞影子

233 　日乌图谱

249 　后　记

第一章

高庙之光

白陶上的『太阳』

《洪江高庙》考古报告，是继《凤舞潇湘：桂阳千家坪出土陶器》之后，高庙文化考古的又一重头报告。报告全面阐述了高庙遗址的发掘收获，是学界盼望已久的一部考古报告。

高庙遗址的发掘，是湖南史前考古的重大收获。其中最引人注目的是，遗址下层出土的陶器——主要是白陶——上刻画的纹饰，不仅前所未见，而且令人感到神秘莫测。其纹饰种类之多样、构图之奇异，不仅改写了史前艺术史，而且揭示了古代信仰形成的一个重要源头。

高庙陶器的纹样，是考古发现的史前艺术奇

迹。人们惊叹于考古报告中精美的纹饰插图与照片,难以相信这样的奇迹出现在七八千年以前,而且是在我们以往不大关注的南岭地区。

如今,已不能确定一个陶工完成一件白陶上繁复的纹饰所要耗费的时间,它当然不能和玉器的雕琢相比,但需花费的工夫却明显超越彩陶的绘制。彩陶用点、线、面成画,高庙白陶上的纹饰却全是由细密的篦点构图,同样是连续与对称格局,白陶装饰所费心力显然要大得多。而艺术作品的精细和所花费的工夫,是最能体现创作者情怀的,白陶、彩陶和琢玉同为史前中国造神运动中涌动的三次艺术浪潮的产物,就一再体现了这样的情怀。

高庙文化白陶艺术的主要意象,指向太阳崇拜,包含太阳符号、獠牙神面和日乌(阳鸟)这三个艺术要素。獠牙神面作为太阳的艺术表现图式之一,就是高庙人的独特创意。圆圆的形状,大放光明的太阳图形,在高庙白陶上随处可见。不过高庙陶工对这样的太阳图形似乎没有太大兴趣,在他们的艺术作品中,太阳的外形不仅是圆圆的,内涵不只是温暖光明。高庙人对太阳的理解与情感抒发,其中的特别之处我们在白陶上看到了。

高庙白陶上出现的太阳图形,更多的是以一种十字架构为基调,构图有诸多变化。有时与獠牙神面同在,出现在日乌之翅上面，或是自己展翅飞行，这样的十字形图形是太阳的象征，是太阳符号之一。宽宽的凹角十字，又与八角星形纹同在，与獠牙神面同在，这样的十字图形同样是太阳的象征。以十字形为基调的太阳符号，在许多民族中都得到了认同，但只有高庙人才会将太阳描绘得这样多姿多彩。不论四角形还是八角星形，都牵连着那个十字形符号。

在《洪江高庙》考古报告中的陶器纹饰上，我们见到了年代最早的八角星形纹（图1-1）。在高庙陶器上的环带状纹饰中，有独立出现的八角星形纹，在其他的复杂纹饰中也见到了处在中心位置的八角星形纹；在展翅飞翔的日乌左右翅膀上同样出现有八角星形纹。桂阳千家坪遗址，也出土了刻画着八角星形纹的陶器，构图与高庙陶器上的相同。

高庙文化的艺术传统，后来延续到了汤家岗文化时期（大溪文化早期）。湖南安乡汤家岗遗址出土的几例八角星形纹白陶上的八角星画幅更大，构图更加美观细腻。而和汤家岗白陶上一样的八角星形纹，在安徽含山凌家滩遗址出土的玉版上刻画得更加精致。

高庙陶器上的八角星形纹，是迄今所见年代最早的，这是太阳的一个标志性符号。虽然现在还不能确定这就是高庙人原创的符号，但暂且将其作为高庙人首创的太阳象

图 1-1 高庙白陶上的八角星形纹

图 1-2 高庙陶器上的 T 字形符号

征符号，学界应当是能够接受的。

此外用 T 字形符号象征太阳，高庙人也应是认同的。我见到几例由四个 T 字形环绕着一个圆圈，构成一个带圆圈的十字形图案，这无疑表示的是一轮太阳（图 1-2）。四个 T 字形符号可以围成太阳，只取一个 T 出来，一样可以作为太阳的象征，这是史前时代令人惊叹的思维方式。T 字形符号就是獠牙神面的简化形式，也是太阳神面的简化形式。

除了獠牙神面，高庙陶器上出现最多的纹饰是阳鸟，即日鸟。与飞鸟相关的图形，最多的就是那些带有十字形的四方形图案，四方形图案又常常与圆形套叠在一起。发掘者认定，它们表现的就是太阳，是所有相关图案的核心所在。

在这样的方形与圆形套叠的图案中，我们还发现了八角星形，又有象征光芒的构图，巩固了这是太阳的认知。更让人惊讶的是，在这样的太阳图形中，还出现了獠牙神面。这让我们获得了一个关键性认知，即獠牙神面应当是太阳的灵魂所在，它就是当时公认的太阳标识。而那些附着在鸟体上的圆形，还有替代獠牙神面和太阳图形出现的T字形图案，它们也是太阳的象征。

从写实到极简

太阳，一个肉眼可见的明亮天体，圆圆的，形象很直观，用画作来表现并不难。画一个圆圈，周边点缀上象征四射光芒的线条，没有受过艺术训练的老少都能画出这样的图形，而且还不容易被误解。这虽简单，却是写实的绘画方法。

这样写实的太阳图形，在古代一些文物上也可以见到，可是却不经常被采用。更多的情形是，古人会创造出一些特别的图形甚至是符号来表示太阳。我们在高庙陶器上不仅能看到常规的光芒四射的太阳图形，也可见到不易理解的太阳符号。

在高庙遗址出土的一件圈足盘上，刻画着张开双翅的日乌，左右翅膀上各有一个太阳图像。这两个太阳图像有些区别，一个太阳绘有四射的光芒，另一个太阳周围则绘有连珠纹（图1-3）。我在高庙陶器上还见到过彩绘连珠纹太阳，这也是考古中见到的最早的这类图像（图1-4）。连珠纹与光芒线不同，它是太阳周围的一圈小太

图1-3 周围绘有连珠纹的太阳图形

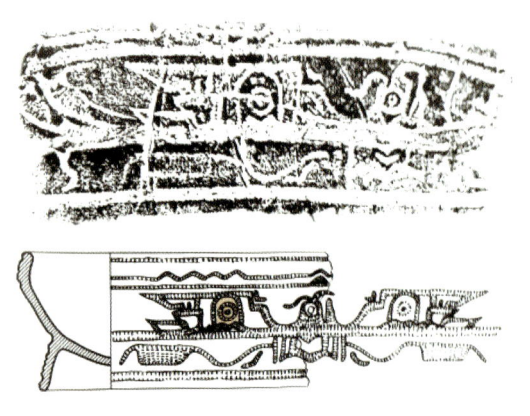

图1-4 彩绘连珠纹式太阳图形

阳，象征明亮的阳光，这种特别的太阳象征符号，可以说是高庙人最初的艺术创造。

高庙人创作的太阳符号，除了偏于写实的，更多见的是一些更简略的符号。其中有数例是四个T字形环绕在一个小圆圈周围，象征太阳四射的光芒（组图1-5）。这种四T合围的太阳符号，还出现在飞翔的日乌双翅上（图1-6）。用T字形合围表示太阳光芒四射的方式非常特别。

组图1-5 四T合围的太阳图形

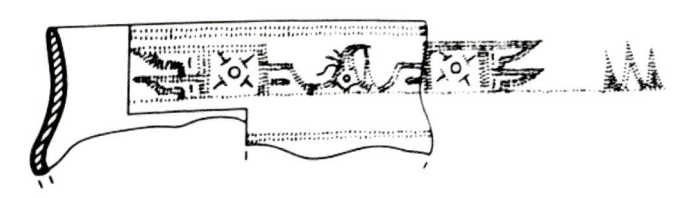

图1-6 日乌双翅上的四T合围的太阳图形

第一章 高庙之光 011

对于高庙人来说，太阳符号还有更简略的表现方式。T字形还可以被简省成 I 字形，成为太阳的四根芒线，这样的固定图式在高庙陶器上也出现了若干个，是又一种太阳符号（组图1-7）。

组图 1-7　高庙陶器上的四芒太阳图形

T字形合围的太阳象征符号，在湖南桂阳千家坪遗址也发现了若干例（图1-8）。正因为有T字形合围的太阳符号，所以一个单独的T字形也可以作为太阳符号被组合在图案里（图1-9）。

图 1-8　千家坪遗址陶器上的 T 字形合围的太阳图形

图 1-9　日乌翅上象征太阳的 T 字形图形

从上文可见，高庙文化白陶艺术的主要意象，是太阳崇拜，日乌、獠牙神面和太阳图形是三个艺术要素。獠牙神面作为太阳的艺术表现图式，是高庙人的独特创意。本书接下来要进一步揭示的陶器上出现的另外一些太阳图形，所展现出的创意也是不一般的精彩。

十字与方圆

高庙白陶上出现的太阳图形，构图有诸多变化。我将它们分类，列出以下五种类型。

a式：中心是一个扁体方形，由四边各向外伸展出一个尖角，构成十字形支架。有一例这样的十字形结构出现在獠牙神面的中心位置，让我们有了推测二者具有关联性的重要依据。还有一些类似的十字形的构图，应当具有相似的含义，也一并归入此式（组图1-10）。

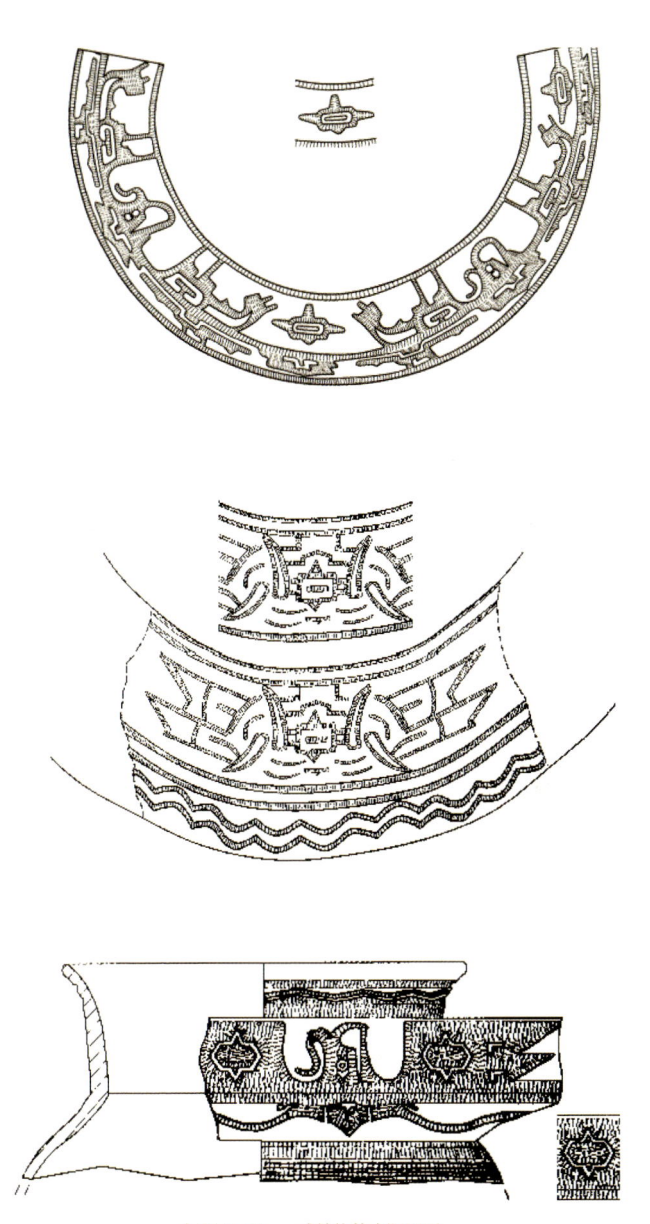

组图 1-10　a 式结构的太阳图形

第一章　高庙之光　015

b式：这一类多是中心带有圆形空间的斜叉状宽体十字，而且不是出现在鸟翅上，就是自带翅膀呈飞翔状（组图1-11、图1-12）。

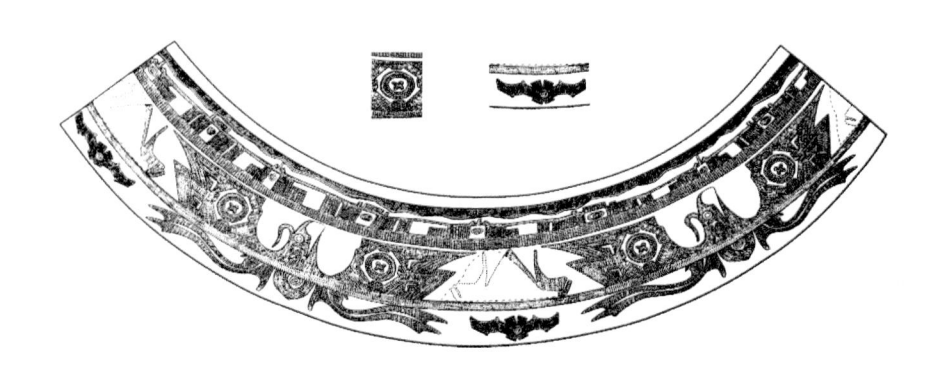

组图1-11　b式结构的太阳图形

图 1-12 高庙白陶上的 b 式结构太阳图形

c式：中心是一个圆形空间，外形是一个亚字样的宽边十字形，也可以理解为缺了四个角的方形，或者凹角十字形。这个特别的十字形构图在白陶上频繁出现，有时也会发生一些变化，伸出更多的如光线一般的角来。圆形空间内填充不同的纹饰，有獠牙神面，也有八角星形纹，正是因为这两类纹饰将宽十字图形与太阳图形关联起来，它的象征性也就不言自明了（组图1-13、组图1-14）。

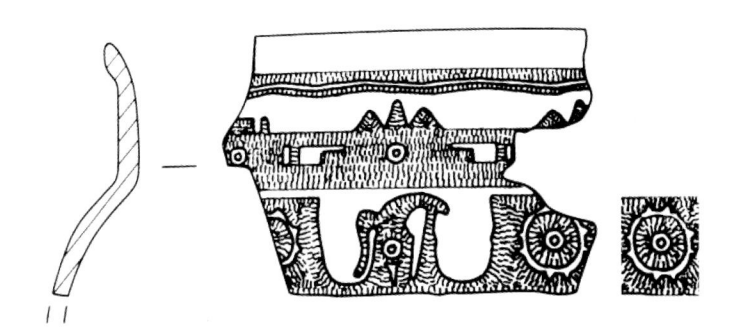

肇造文明：中国史前艺术浪潮·白陶

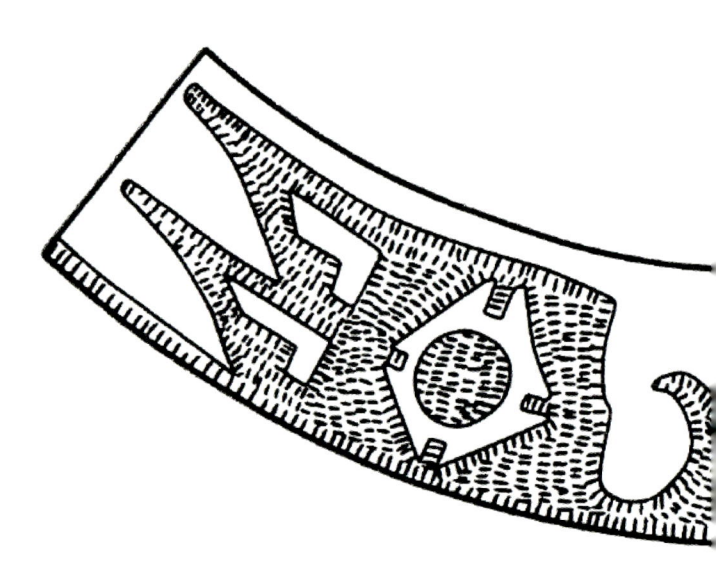

第一章 高庙之光

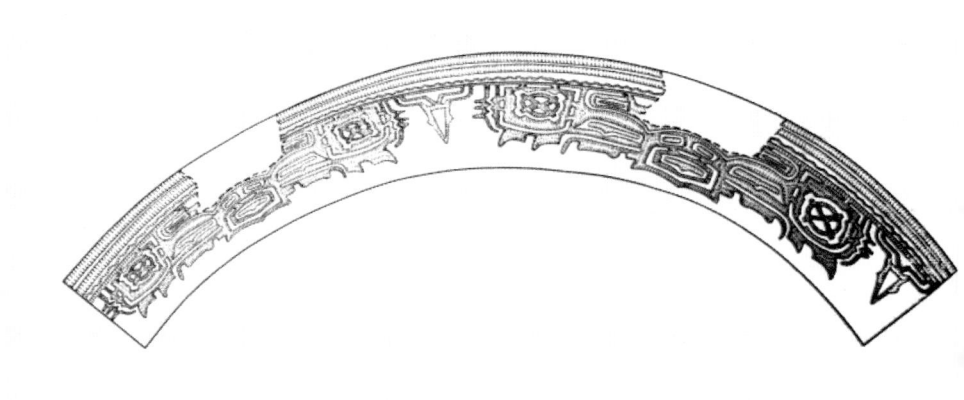

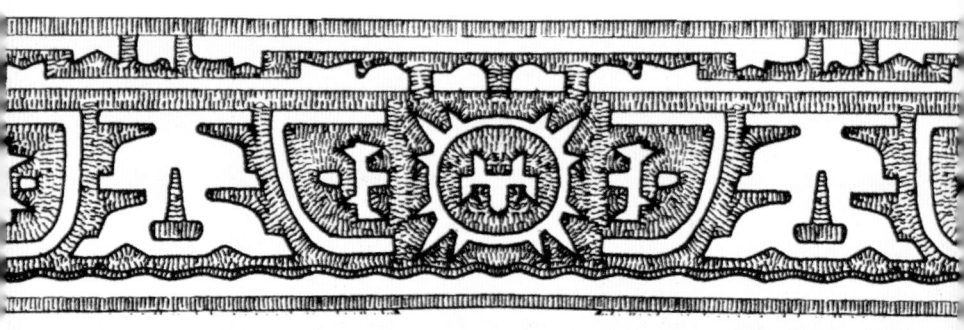

022　肇造文明：中国史前艺术浪潮·白陶

组图 1-13　c 式结构的太阳图形

组图 1-14　高庙白陶上的 c 式结构太阳图形

d式：圆形空间内有十字形。可归入这一式的例子不多，有的圆形空间中间有一个小十字，有的圆形空间中的十字伸出变成一个大十字（图1-15）。

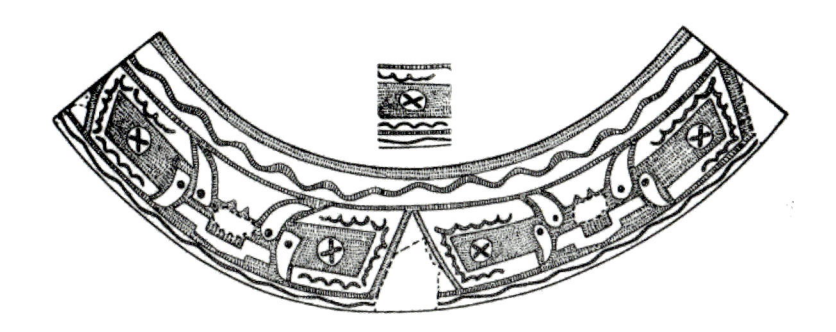

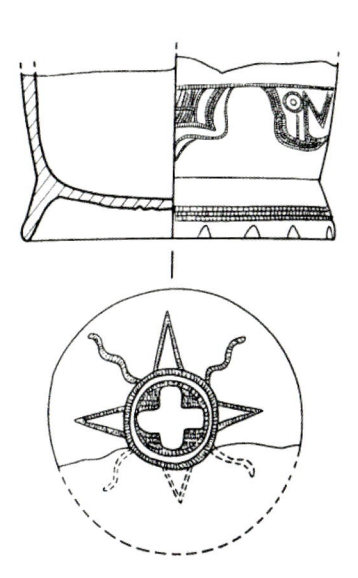

图1-15　d式结构的太阳图形

e式：标准的八角星形，它可以由带有八角星形纹的c式去外框简化而来，也可以直接由十字形变化而成（图1-16）。

图 1-16　高庙白陶上的 e 式结构太阳图形

与獠牙神面同在，出现在阳鸟之翅上面，或是自己展翅飞行，这样的十字形图形是太阳的象征，是太阳符号。宽宽的凹角十字，又与八角星形纹同在，与獠牙神面同在，这样的图形同样是太阳的象征。以十字形为基础的太阳符号，在许多民族中都得到过认同，但只有高庙人才将太阳描绘得这样多姿多彩。不论四角形还是八角星形，都牵连着那个十字形符号（图1-17）。

图 1-17　以十字形为基础的太阳符号

图1-18 各式各样的太阳图形

高庙人心中太阳的样子可以如此不同，在十字架构基础上出现的方与圆都可以象征太阳（图1-18）。那么将太阳描绘成方形，这又是什么奇思妙想呢？其实在中国古代还真有将太阳想象为方形的人，并且还不是一般的人，而是一位具有科学头脑的学问家，他就是汉代的王充。王充

第一章 高庙之光 027

在《论衡》中说，日月都不可能是圆形的，但因为它们距离人们太远而被看成了圆形。他的论据是太阳为火之精，所有的火都不是圆形的，所以太阳怎么会是圆的呢。他还推而广之，说天上的恒星也不会是圆形的，因为天上掉下来的陨石不圆，星星怎么会是圆形的呢？

我们不能说王充的话是对的，但他的话也不是没有一点道理。其实现代人中也有一些有科学头脑的人坚称太阳就是方形的，并且还认为有时候我们之所以可以看到方形太阳，是因为看到了世界真实的原貌。

谁真的见过方形太阳？有报道说，2003年10月18日下午5点多，长沙一中的一名初三学生无意间看到天上的太阳竟然是方的，他还用相机拍摄到了这个方形太阳。还有一个美国人查贝尔在1933年拍到过方形的太阳，日本人掘江谦也曾拍到。太阳呈方形，有科学解释说是空气折射造成的，一般发生在夏秋季节落日之时。若真如此，8000年前的高庙人看到过方形太阳也就没有什么奇怪的了，方形太阳和带獠牙的太阳出现在白陶上也就顺理成章了。

（插图中的白陶资料采自湖南省文物考古研究所编《凤舞潇湘：桂阳千家坪出土陶器》，故宫出版社2020年）

神诡T形符

在近 8000 年前,高庙陶器上的手绘太阳出现了极简的替代符号,这便是 T 字形符号。

在多数构图组合中,T 字形显得比较突兀,一时让人觉得难以理解它的意义。

T 字形符号在湖南桂阳千家坪遗址出土的白陶中也频繁出现,要解释其意义,一个非常值得考虑的切入点就是它在纹饰组合中的位置。T 字形在纹饰组合中出现的具体位置,大致有以下几种情形。

一是 T 字形符号在飞鸟展开的鸟翅内,给鸟翅专设一个方圆不定的空间,用于容纳 T 字形符号。T 字形符号的方向在不同的器物上也有所不同，有正的、有倒的，也有横式的（组图 1-19）。

组图 1-19　千家坪遗址白陶上在鸟翅内的 T 字形符号

二是 T 字形符号在鸟翅外边，有时是在左右两只鸟的翅膀之间，有时是在同一只鸟左右双翅上方的位置，或者在鸟颈上方的位置。这一类的 T 字形符号一般都是倒置形态，几乎没有例外（组图 1-20）。

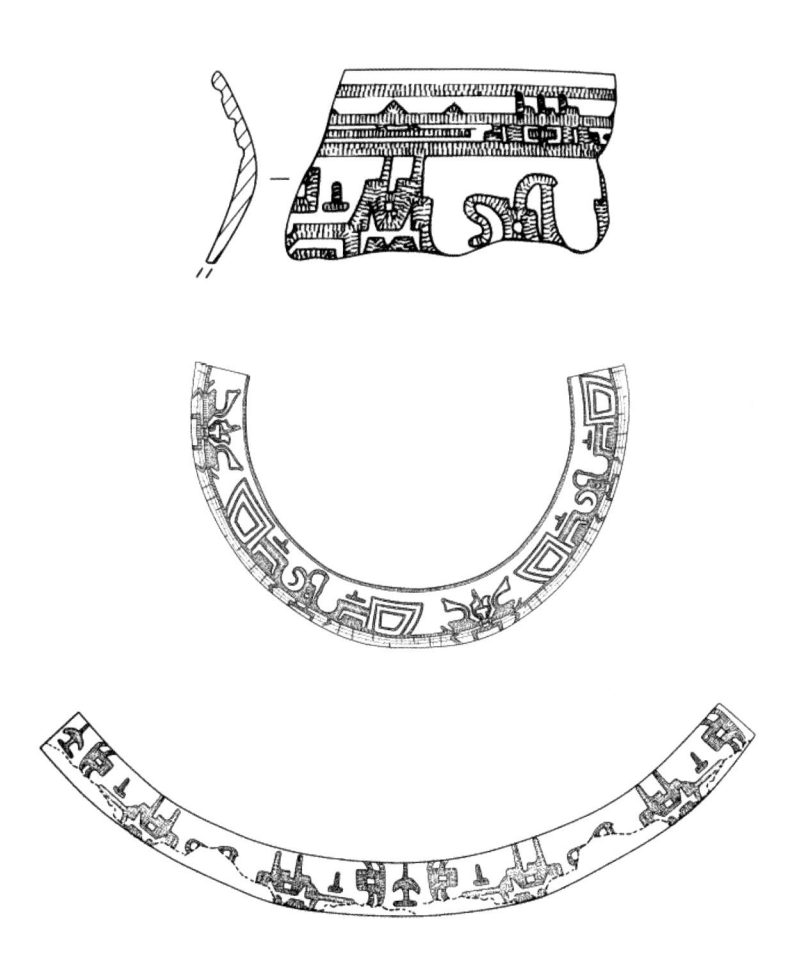

组图 1-20　位于鸟翅或鸟颈上方的 T 字形符号

三是 T 字形符号在侧飞的鸟体中，表示鸟驮着太阳在飞翔（图 1-21）。

图 1-21　位于侧飞的鸟体中的 T 字形符号

四是 T 字形符号在侧飞的鸟体之外，也是表示太阳跟着鸟一起飞翔（图 1-22）。

图 1-22　位于侧飞的鸟体之外的 T 字形符号

五是 T 字形符号与獠牙神面同在，处于相当于獠牙神面鼻部的位置，似乎就是鼻子的象征。在有的图形上，它似乎是在神面的下方，其实那是画面被倒置了，应当还是在神面上方（组图1-23）。

组图 1-23　与獠牙神面同在的 T 字形符号

六是 T 字形符号在单独的空间，并没有与鸟形在一起（图 1-24）。当然有些标本因为比较破碎细小，虽然上面的 T 字形符号似乎与其他纹饰没有明确关系，但在有的地方还是可以看到鸟翅痕迹的（组图 1-25）。

图 1-24　在单独空间中的 T 字形符号

鸟翅形

组图 1-25　T 字形符号与鸟翅痕迹

毋庸置疑，T 字形符号是个象征，它象征什么，我在前文里已经提及，它象征着太阳。T 字形符号无论出现在鸟体附近，还是鸟翅之中，都是太阳图形和獠牙神面出现过的位置，也就是说，它是可以替代太阳图形的符号。

用 T 字形符号象征太阳，我们的大脑不容易接受，可是高庙人却是认同的。他们用四个 T 字形环绕着一个圆圈，组成一个十字形，无疑是为了表现一轮太阳（图1-26）。若图省事只取一个T出来，一样可以作为太阳的象征（图1-27）。

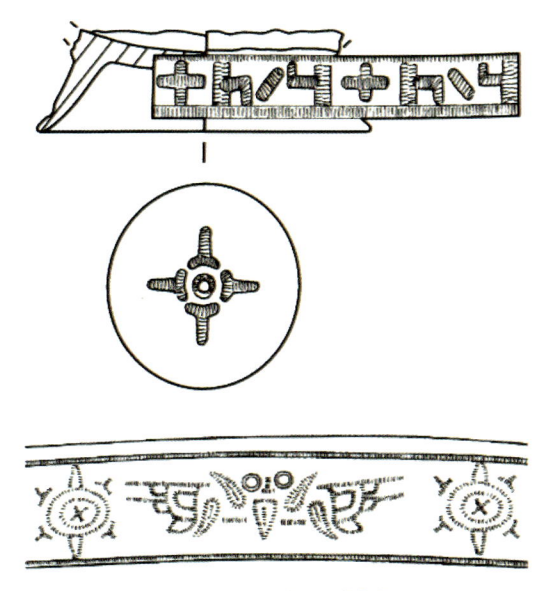

图1-26　T字形符号组成的太阳

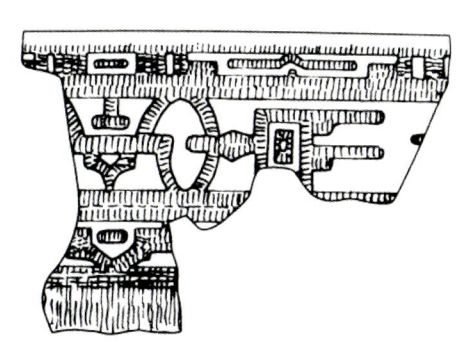

图1-27　象征太阳的单独T字形符号

还有一个重要的关联材料一定要提到。在一些带双翅的獠牙神面相当于鼻部的位置，也出现了 T 字形。这并不只是个案，前面我已经提到过几个例证，它并不是要表示鼻头，它可以象征獠牙神面本身，也就是说它也象征着太阳。

我们偶尔也能见到呈獠牙状的尖头 T 字形符号，而且有一个处在鸟的翅中位置的例子（图 1-28）。这样看来，T 字形符号就是獠牙神面的简化形式，也就是太阳神面的简化形式了（图 1-29）。

图 1-28　处在鸟的翅中位置的尖头 T 字形符号

图 1-29　作为獠牙神面简化形式的 T 字形符号

在史前艺术中，应当还能发现类似的 T 字形符号，如在陕南地区出土的一件神面骨雕筒上，有分别带着喜、怒、哀三种表情的三个神面，其中的泪眼哀情之神的额头上出现了一个很大的 T 字形，但这个 T 显然是用来表示鼻子的。可见史前人的思维，有着一些传统定式，只是不容易为现代人理解罢了。更让人奇怪的是，在这件骨雕筒上，我们看到了獠牙神面！

太阳是圆形的，即便是幼儿画出来的太阳，也会是个圆形，还带着四射的光芒。

可是在史前艺术中，太阳出现了诸多变化，当中 T 字形符号的作用超出我们的想象。这让我们觉得，獠牙神面好生神奇，太阳崇拜就是这么神奇，与信仰相关的艺术也一样神奇。

太阳的光芒——连珠纹追踪

中国古代传统装饰纹样中有一种连珠纹，以往有许多研究者关注过它，对纹样本身的研究应当不易深入了。但是最近一系列瞬间的遇见，还是让我燃起了兴趣。

古代装饰纹样中的连珠纹，就是连续排列的空心小圆圈或是实心小珠子，它们一个挨着一个，所以称作连珠纹，也有人习惯写作"联珠纹"。连珠纹有两种排列架构，一种为方框形或直条形，一种为圆环形，以圆环形架构多见，可称其为圆环连珠纹。在汉唐织物图案中常见这样的圆环连珠纹，这也是之前连珠纹研究主要限于纺织史范围的原因。

最近三星堆发掘重启，吸引了包括我在内的许多人的目光，那些新发现诱惑真是很大，大到可以让人废寝忘食地去关注它。就在这样的关注过程中，我捕捉到了一个细节，这个细节恰与连珠纹有关。

考古人员在3号坑的发掘中见到一个奇特的器物组合，我判断这是又一件青铜神坛（图1-30），但它并不同以往于之前出土的那一件。其实自一开始露头，很多人都在注意它，我也反复讨论过它。通过讨论我们发现，受拍照角度的误导，我们将神坛倒置观察了，所以生出了一些本不该有的疑惑。一旦将照片倒过来看，神坛的组合状态似乎就更加清楚了（图1-31）。

图1-30 三星堆3号坑出土的青铜神坛正视图

图 1-31 三星堆 3 号坑出土的青铜神坛倒视图

比较之前和现在出土的两件神坛的异同，是进行研究的必设程序。比较中我发现了一些细部特征，是两座神坛共有的，这便是圆环式连珠纹。新出土的神坛大方坛周边铸有不少于 12 个圆环式连珠纹，中间是商代青铜器上常见的涡纹，又称作火纹与囧纹，一般认为这是太阳的标识。所见连珠纹为乳钉形实心纹，不同于那种空心圆形纹，这是一种标准的连珠纹。

在原来出土的青铜神坛及一些附件上，有着相同的圆环式连珠纹和囧纹，甚至可以怀疑这两件并不一样的神坛，设计师也许是同一个人（组图 1-32）。

第一章　高庙之光　043

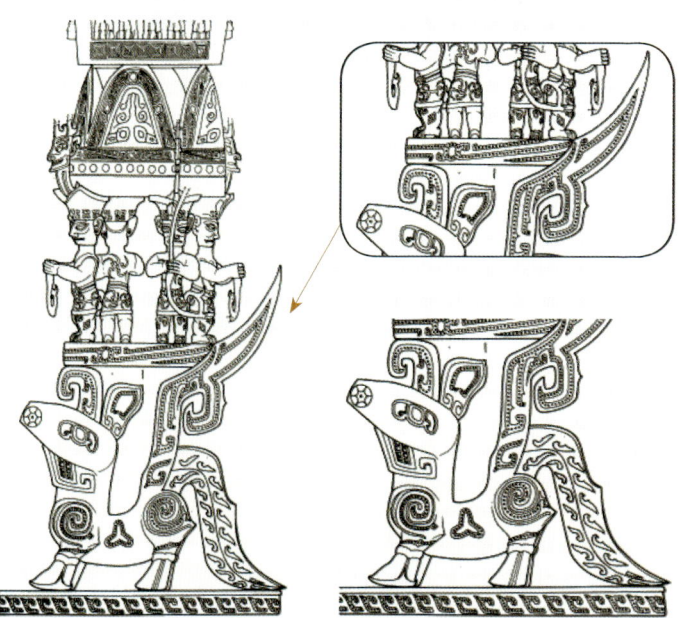

组图 1-32　三星堆神坛上的连珠纹

先前出土的组合神坛的一些构件上，连珠纹也是主要的装饰元素，如在坛体周围、底座的神兽上，都出现了连珠纹（图1-33）。圆环式实心连珠纹，与囧纹同组出现，这是一种最经典的样式（图1-34）。

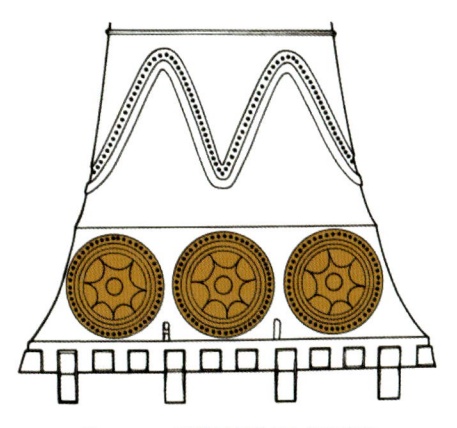

图1-33　三星堆神坛构件上的连珠纹

第一章　高庙之光　045

图 1-34　三星堆神坛构件上的连珠纹与囧纹同组出现

那尊青铜立人像，底座上也出现了连珠纹，只不过是条形架构的，与圆环式架构还是有区别的（图 1-35）。

三星堆过去出土的几件重型的铜器，也装饰有连珠纹，与兽面纹组合在一起，相得益彰（组图 1-36）。不过这些铜器上的连珠纹，一般不呈圆形排列，圆环中的囧纹也并不与连珠纹同组。

三星堆的其他一些归属不明确的青铜铸件，也有装饰着连珠纹的，如兽形耳、铜铃、小顶尊铜人（图 1-37、图 1-38、图 1-39）。兽形耳上装饰的是标准的组合纹样，圆环式连珠与囧纹同组。

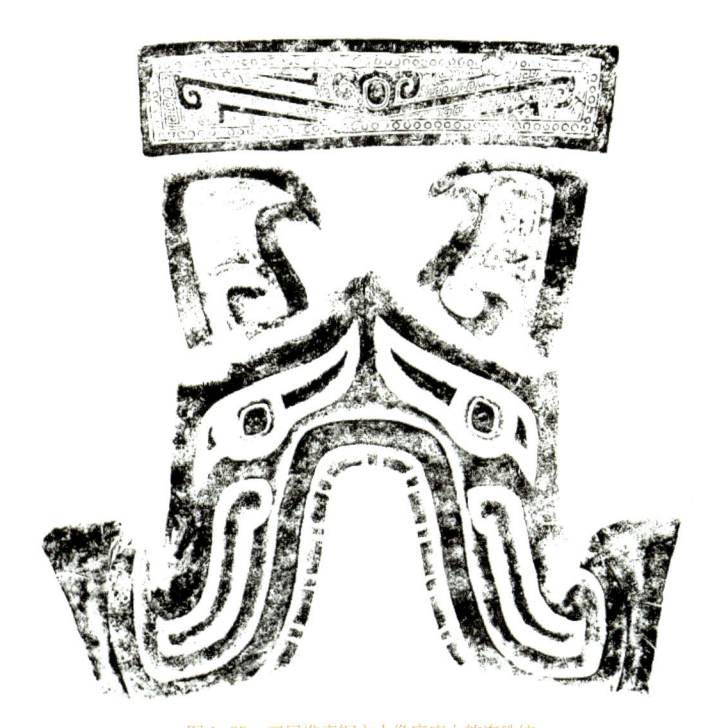

图1-35 三星堆青铜立人像底座上的连珠纹

第一章 高庙之光 047

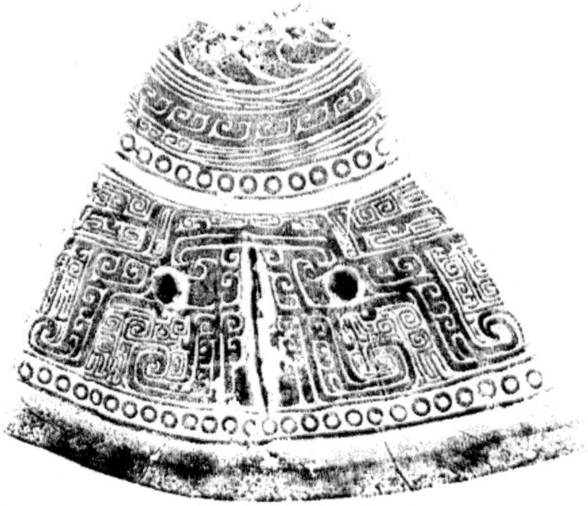

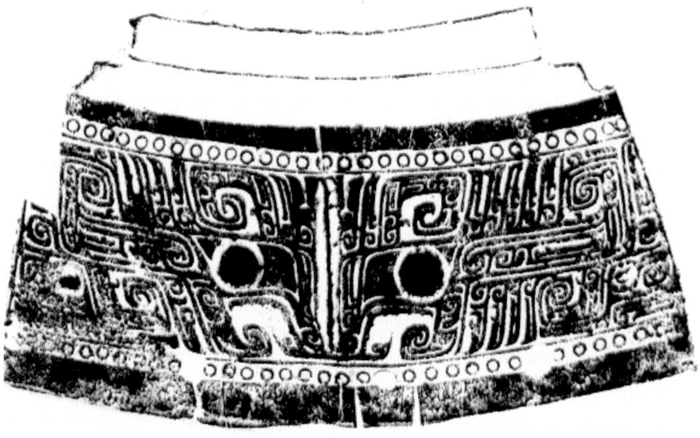

第一章 高庙之光

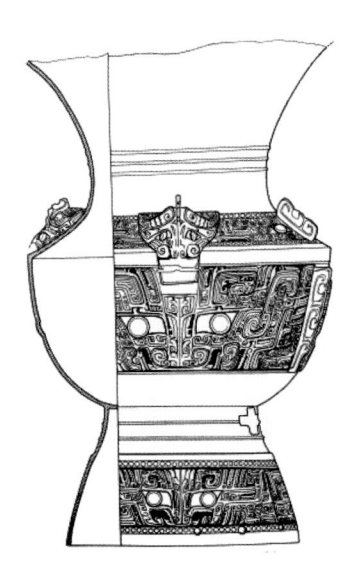

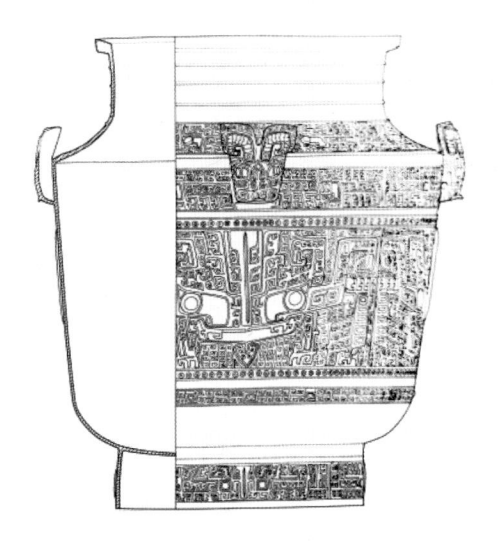

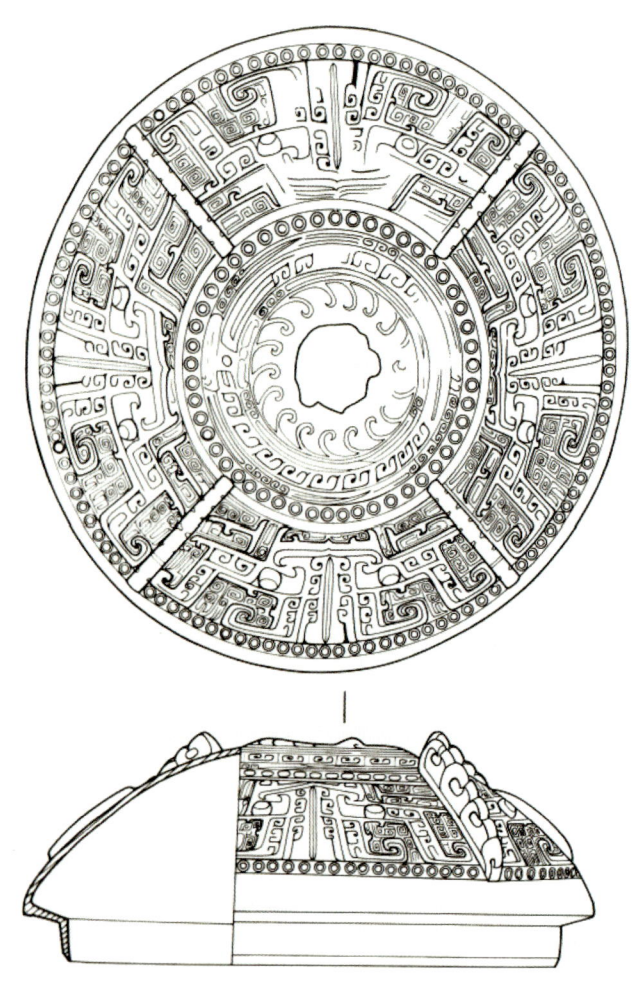

组图 1-36　三星堆重型铜器上的连珠纹与兽面纹组合

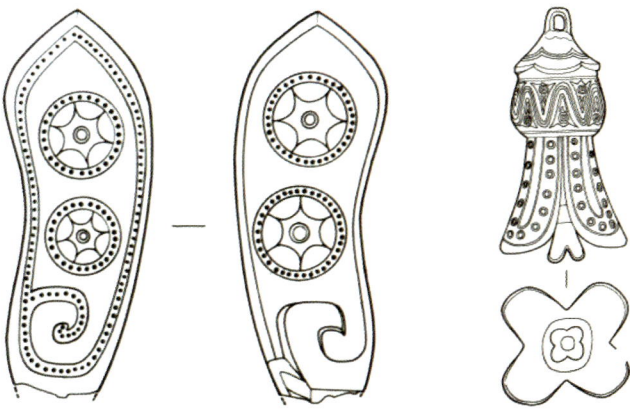

图 1-37　三星堆青铜兽形耳上的连珠纹　　　　图 1-38　三星堆铜铃上的连珠纹

图 1-39　三星堆小顶尊铜人器座上的连珠纹

图1-40　商代早期铜盘内中心位置的连珠纹与囧纹组合

  这样看来，连珠纹与囧纹同组是三星堆装饰纹样的一个突出风格。自然这并不是三星堆文化所独有的，它们应当也是来自中原的青铜文化。在商周时期青铜的装饰纹样中囧纹与连珠纹并不少见，当然连珠纹与囧纹同组的例证并不多，北京平谷出土的两件商代早期青铜器上就出现过同组的两种纹饰，一件出现在铜盘内的中心位置（图1-40），另一件出现在铜盘内的鳖纹上（图1-41）。后一件的圆环式连珠纹加中心的囧纹，铸造得非常精致。相信以后在更大范围内一定会找到更多例证。

图 1-41　商代早期铜盘内鳖纹上的连珠纹与囧纹组合

    从东周开始在铜器上就不易见到圆环式连珠纹与囧纹同组的装饰了，只是在战国曾侯乙编钟铸纹上，出现了一个特例，繁复的神兽铸纹中夹杂着十多组圆环式连珠纹，而且圆环中心大多出现了空心十字形纹（图 1-42）。这个发现非常重要，对了解连珠纹的意义和它的来龙去脉非常有意义。

第一章　高庙之光　053

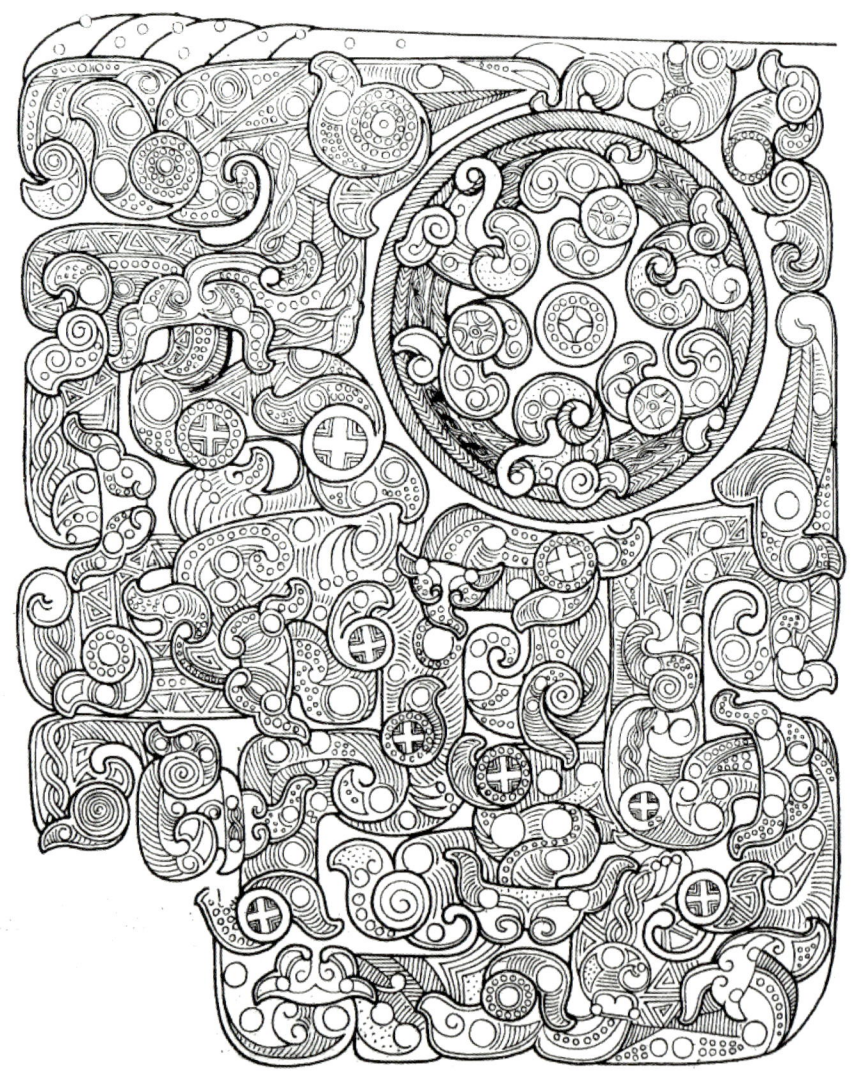

图 1-42　曾侯乙编钟上的铸纹

接着因为另一个机遇，让我对连珠纹有了更多思考的机会。离开三星堆发掘现场不久，我前往甘肃临夏参加马家窑文化研讨会，参观了马家窑文化彩陶展。参观中我突然发现展柜里有几件马家窑彩陶上绘的是圆环式连珠纹，与上述一些铜器上的连珠纹风格一样。稍有不同的是，圆环内的纹饰不是囵纹，而是各种变化的十字形纹（图1-43）。

临夏研讨会结束后，我接着前往青海乐都柳湾彩陶博物馆参观，在堆积如山的彩陶中很容易就发现了几件马厂圆环式连珠纹彩陶，而且圆环中无一例外都绘着不一样的十字形纹（图1-44）。

图1-43 马家窑彩陶上的连珠纹与十字形纹

图 1-44　马厂彩陶上的连珠纹和内部的十字纹

回京后我翻检了以往收集的彩陶资料，又见到一些马厂连珠纹彩陶，圆环中间也都绘有十字形纹（图 1-45）。这样看来，带十字形纹的圆环式连珠纹，应当有特别的含义。这样的圆环式连珠纹，在一件器物上通常都是以二方连续的方式排列，一共四组，这便是通常所说的四大圆圈纹。十字形纹被认作太阳符号，所以这样的四大圆圈纹无疑就是太阳的象征。

再往前追索，才知道连珠纹其实在半山文化甚至马家窑文化时期已经出现了，只不过还没有形成标准的构图形式（图 1-46）。

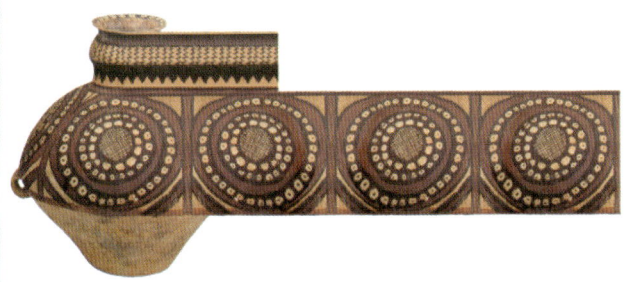

图 1-45　马厂彩陶上的四大圆圈纹

图 1-46　半山彩陶上的连珠纹

这样一来，铜器上的圆环式连珠纹，与彩陶上的圆环式连珠纹，因为构图相似，让我们有理由推测它们之间可能具有源流发展关系。我们甚至相信它们的含义都是相同的，都是太阳的象征，是指代太阳的符号。这也让我们相信，彩陶与青铜之间虽然有年代差距，但是彼此间却有桥梁相通，连珠纹即是连通两者的一座桥梁。

了解了青铜与彩陶之间有这样的关联，我们再回头看看过去对连珠纹的讨论，顿时便会产生一种失落感，原来连珠纹来自那样遥远的时代，而且它的起源与纺织品似乎没有直接的联系。

以往连珠纹通常被认为是古波斯萨珊王朝最为流行的花纹，用于装饰青铜器、建筑、陶瓷等。而且我们还认为连珠纹图案于5—7世纪沿丝绸之路从西亚、中亚传入中土，在中国的唐锦中成为数量最多，而且具有时代特色的纹饰。至隋代时连珠纹发展为连珠圈纹，成为各种器物的主题装饰纹样，这便是我们所说的圆环式连珠纹。

波斯锦传入中土后，七八世纪时中土仿造出许多产品，后来不论产于何地，凡属此类萨珊波斯风格的织锦，都被称为"萨珊式"织锦。中土生产这种织锦的官府作坊聚集在长安、洛阳、扬州，益州也是一个重要的产出地。这个益州，便是古蜀文明的生发之地。三星堆的铜器上已经普遍使用连珠纹，自然也包括与织锦上纹饰构图一样的圆环式连珠纹。

当然也有研究者注意到，在萨珊式织锦流行之前的更早的时代，中国装饰纹样中已出现连珠纹，不过"它们没有形成一种简单的几何体"，甚至说连珠纹"可能自发地出现在任何年代、任何国度、任何民族"。

这个说法比较含混，我们从商代铜器追寻至更早的彩陶时，已经见到 4000 年前完全定型的圆环式连珠纹，而且它们体现的是同一种信仰，那就是太阳崇拜，让我们再一次认识到艺术是信仰飘扬的旗帜。

新的发现会不断更新我们的认识，高庙陶器上出现的红色彩绘连珠纹，又将连珠纹的出现时间追溯到了 7000 多年前。高庙文化的发现太重要了，相信以后一定还会有更多更新的发现。

前面讨论古代传统装饰纹样连珠纹时，主要由三星堆的发掘，谈到出现在织锦、铜器和彩陶上的连珠纹，将它最初流行的年代追溯到了约 5000 年前的彩陶时代。

虽然在年代接续上有断层，但我们丝毫不怀疑它们之间内在的联系。而我在检索古蜀文化的一些新旧发现和其他材料时，又有了一些新的理解，所以在此将连珠纹再叙说一番，将它的出现追溯到了 7000 多年前，再一次确认它是东方古老的艺术创造。

我来复述一下基于此前讨论得出的认识。

1. 三星堆先前出土的组合神坛的一些构件,将连珠纹作为主要的装饰元素,如在坛体周围和底座的神兽上,都出现了连珠纹。圆环式实心连珠纹,与囧纹同组,这是一种最经典的样式。

2. 连珠纹与囧纹同组是三星堆装饰纹样的一个突出风格。自然这也并非完全是三星堆文化所独有的,它们应当也是来自中原的青铜文化。

3. 铜器上的圆环式连珠纹,与彩陶上的圆环式连珠纹,因为构图相似,让我们有理由推测它们之间可能具有源流发展关系。我们甚至相信它们的含义都是相同的,都是太阳的象征。这也让我们相信,彩陶与青铜之间虽然有年代差距,但是彼此之间却有桥梁相通,连珠纹即是连通两者的一座桥梁。

4. 我们由商代铜器追寻到更早的彩陶时,已经见到4000年前完全定型的圆环式连珠纹,而且它们体现的是同一种信仰,那就是太阳崇拜,让我们再一次认识到艺术是信仰飘扬的旗帜。

最近因为新旧资料的发现,进一步深化了原先的认识,当然也获得了一些新的结论。

图 1-47　新疆阿斯塔那 211 号唐墓出土的黄地连珠小团花纹织锦

最突出的印象是，在古蜀文化中，连珠纹也与眼目图形相关，其含义仍然是太阳崇拜。另外需要补充说明的是，连珠纹的出现可以追溯到近 8000 年前，而且那时就已经是明确的太阳符号了。

过去我们谈论连珠纹，都是由织锦上的图案说起，追寻它的起源时也只是看织锦的发展（图 1-47），而且还含混地推断，连珠纹可以起源于任何地方，源头观很不清晰，这样的认识当然是无意义的。

这次在三星堆新出土的青铜神坛上，我们又一次见到非常标准的连珠纹（图 1-48）。

图 1-48　三星堆新出土神坛上的连珠纹

第一章　高庙之光

检索以往三星堆和金沙的发现，其中三星堆有眼睛被描绘成太阳的陶塑日乌（图 1-49），金沙也有铸出太阳眼睛的青铜日乌（图 1-50）。我们注意一下，这青铜日乌如太阳般的眼睛，就是很标准的连珠纹，九个连珠环绕着太阳。

古蜀人崇拜太阳，很多时候是以崇拜眼睛的方式来表现的，太阳就是天目。

特别要提到的是，在检索资料的过程中，我们发现了湖南高庙文化的白陶。在高庙白陶上不仅有刻画的太阳图像，更有红色的彩绘太阳，而且采用的也都是和连珠纹一样的构图。这个发现让我们感觉到非常意外，但一点也不用怀疑的是，高庙人的连珠纹表现的是非常直观的太阳，中间是圆圆的大太阳，周围的连珠就是太阳的光芒（图 1-51、图 1-52、图 1-53）。

高庙人并非是在不经意间为历史留下了流传近 8000 年的连珠纹图案，我以为初始的创作一定经历了许多的反复。我们可以想象，能一直得到大范围传承的纹样其实并不是很多，而连珠纹在数千年后还极受欢迎（图 1-54、图 1-55），高庙人真的应当感到自豪。我们现在可以将连珠纹的版权，大方地归于引领艺术潮流的高庙人。

图 1-49 三星堆有着太阳眼睛的陶塑日乌

图 1-50 有着连珠纹眼睛的金沙青铜日乌

第一章 高庙之光 063

图1-51　高庙白陶上的连珠纹

图1-52　高庙白陶簋

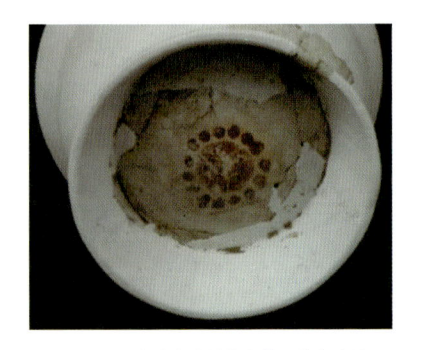

图1-53　高庙白陶簋外底的彩绘连珠纹

图 1-54 清代白玉连珠纹鹦鹉佩

图 1-55 唐代莲花纹瓦当上的连珠纹

最早的八角星

在《洪江高庙》考古报告的陶器纹饰上，我们见到了年代最早的八角星形纹刻画。

在高庙下层出土的一件陶器的环带状纹饰中，独立出现了八角星形纹（图1-56）。在另一件高庙陶罐的复杂纹饰中也见到了处在中心位置的八角星形纹。画幅虽然不大，但很是显眼（图1-57）。

还有一件高庙陶罐的肩部，有展翅飞翔的日乌，左右翅膀上都出现了八角星形纹（图1-58）。在日乌翅膀上还常常会见到獠牙神面图像，这表明八角星形纹也等同于獠牙神面。

图 1-56　高庙白陶上独立出现的八角星形纹

图 1-57　高庙陶器上处在中心位置的八角星形纹

第一章　高庙之光　067

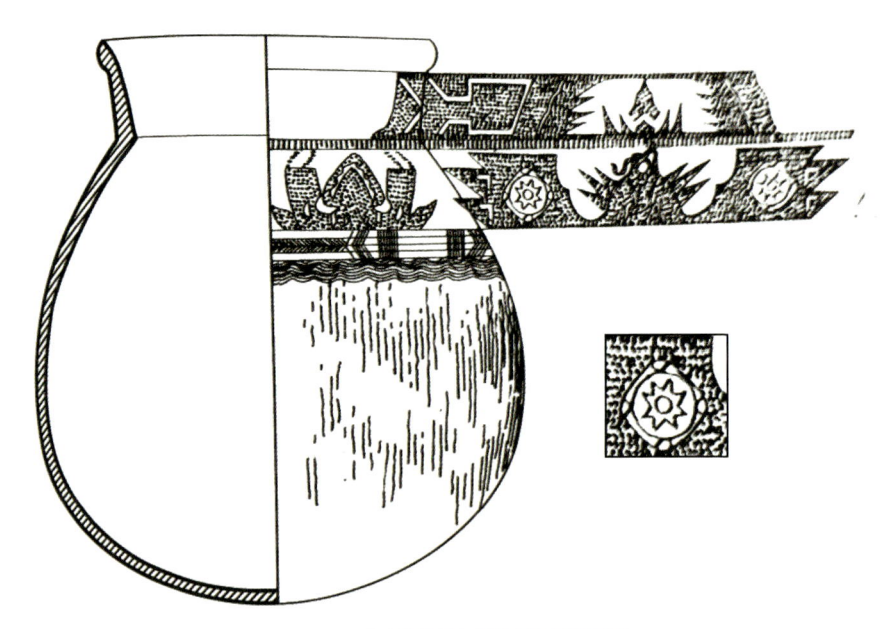

图 1-58 高庙陶器日鸟翅膀上的八角星形纹

在一件圈足盘上,也装饰着日鸟图像,在日鸟展开的双翅中心,出现了八角星形纹。当然这一例八角星稍有不同,有点像是八瓣花(图1-59)。

在桂阳千家坪遗址,也出土了刻画着八角星形纹的陶器,构图与高庙陶器上的图案相同(图1-60)。

图1-59 高庙圈足盘日鸟翅膀上的八瓣花式八角星形纹

图1-60 千家坪白陶上的八角星形纹

高庙文化的艺术传统，延续到汤家岗文化时期（大溪文化早期）。湖南安乡汤家岗遗址出土过几例八角星形纹白陶，八角星的画幅更大，构图更加美观细腻（图1-61）。像这样的八角星形纹，在安徽含山凌家滩遗址出土的玉版上被刻画得更加精致。山东泰安大汶口遗址，则出土了绘有八角星形纹的彩陶（图1-62）。

图1-61　汤家岗白陶上的八角星形纹

在高庙陶器上发现的八角星形纹饰，为迄今所见年代最早的，是太阳的一个标志性符号。虽然现在还不能确定它就是高庙人的原创纹饰，但暂且将其作为高庙人首创的太阳象征符号，学界应当也是能够接受的。

图1-62　大汶口彩陶上的八角星形纹

柿蒂纹：四叶方花之源

关于柿蒂纹即方花的讨论，还有必要继续。

当我们探讨柿蒂纹的含义与来源时，前溯到史前，及至彩陶时代。在庙底沟彩陶上流行的一种四瓣花纹，它的结构，就是方花形（图1-63）。

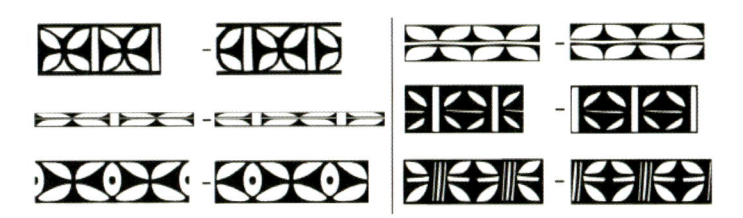

图1-63　庙底沟彩陶上四瓣花纹的两种结构

为探索方花源头，清华大学艺术博物馆谈晟广博士以《苍穹之华：四叶花纹饰中的古代东西文明交流密码》为题，于 2022 年 9 月 17 日做了一次线上科普讲座，讲座通过大量的图像证据，剖析以四叶花纹为主的花瓣纹在欧亚大陆及北非的起源、传播及其可能的象征意义之流变。他也提到了西亚彩陶中的四瓣花纹饰，其形态结构和年代与庙底沟彩陶上的相关纹饰可以相提并论（图 1-64）。

对于本土方花图形的源起，其实还可以往前追索到更早的年代，即 7000 多年前。高庙白陶上的纹饰中还有一些没有受到关注的题材，其中就包括四瓣式方花纹。

我曾梳理过湖南桂阳千家坪遗址出土白陶上的纹饰，注意到许多十字形太阳象征图形，其中一部分的十字形接

图 1-64　伊拉克北部哈拉夫文化彩绘陶碗（前 5000—前 4300 年）

近四瓣花纹。由于四瓣花纹也是十字形结构，所以将两者明确区分开来并不容易（图1-65）。当然有的图形上的叶片明显宽大一些，可以明确地被归入四瓣方花一类（图1-66）。

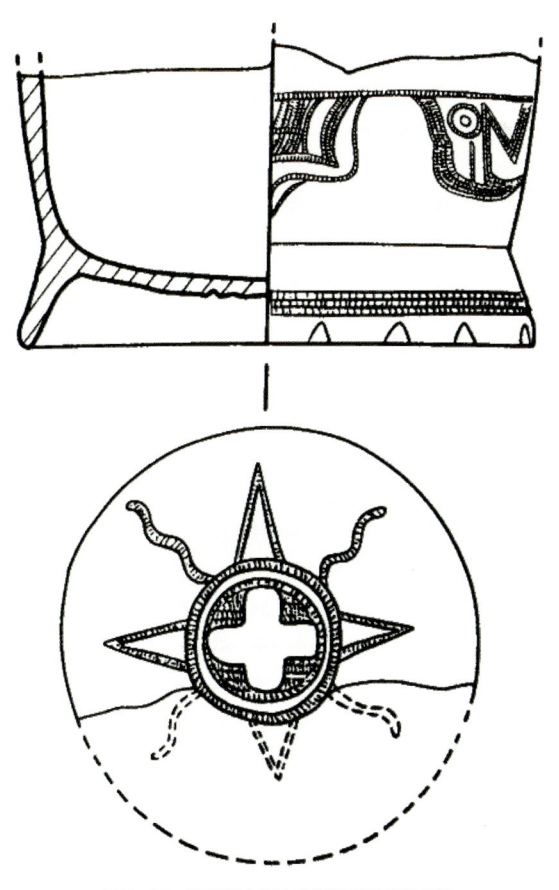

图1-65　千家坪白陶上类似四瓣花纹的纹饰

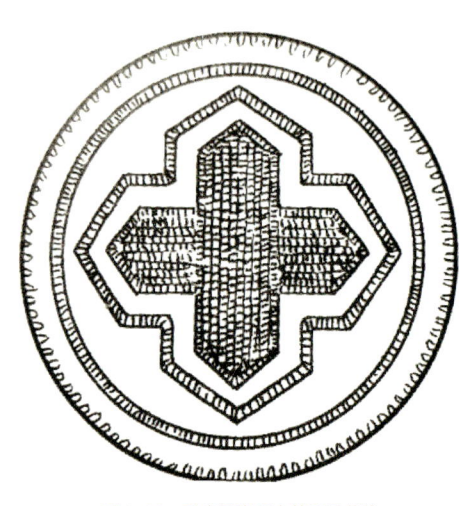

图 1-66　千家坪陶器上的四瓣花纹

074　肇造文明：中国史前艺术浪潮·白陶

湖南省文物考古研究所编《长沙南托大塘遗址发掘报告》中说，在湖南长沙南托大塘遗址的7000年前高庙文化晚期层位中出土的一件陶罐的肩部位置，刻画着一个明确的四瓣花纹图形（图1-67）。

图1-67　大塘白陶上的四瓣花纹

而在湖南洪江高庙遗址下层的白陶上则出现了八角星形与四瓣花纹并存的纹饰（组图1-68）。

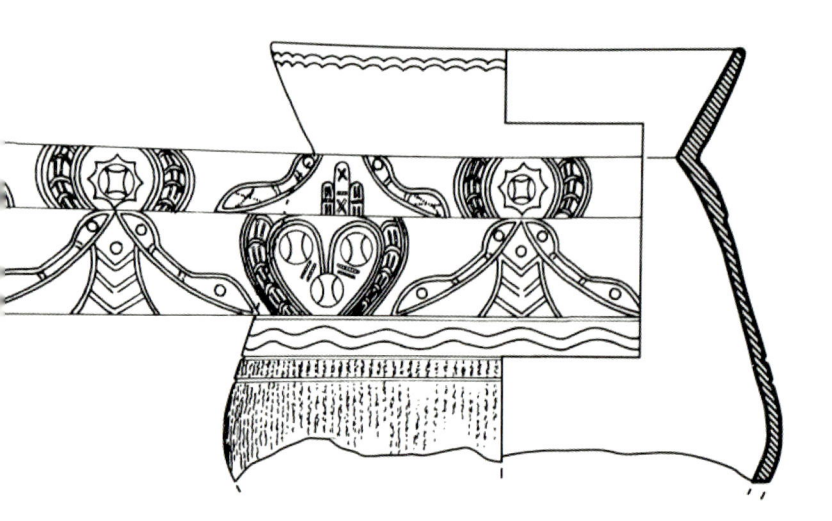

组图 1-68　高庙遗址下层白陶上的八角星形与四瓣花纹并存的纹饰

在《洪江高庙》考古报告中，我们还发现了另外 10 例左右的方花纹陶器标本。所见方花纹有的叶片细长，有的则叶片较为肥硕，但一般都出现在一个方形外廓之内（组图 1-69）。

高庙白陶的艺术传统，一直延续到汤家岗文化时期（大溪文化早期）。湖南安乡汤家岗遗址出土的几例八角星形纹白陶上，八角星内中心位置一般都有四瓣花纹图案，有时在八角之间叠加有方花图形（组图1-70）。这种八角星形与方花叠加的纹饰，也给我们以重要启示。

我们不能判定是四瓣花纹先出现还是八角星形纹先出现，这两种纹饰或许是同时被创造出来的，它们的象征意义，都与太阳相关。

四瓣花纹与八角星形纹如影随形，安徽含山凌家滩遗址出土的八角星形

组图1-69 高庙陶器上有方形外廓的方花纹

078　肇造文明：中国史前艺术浪潮·白陶

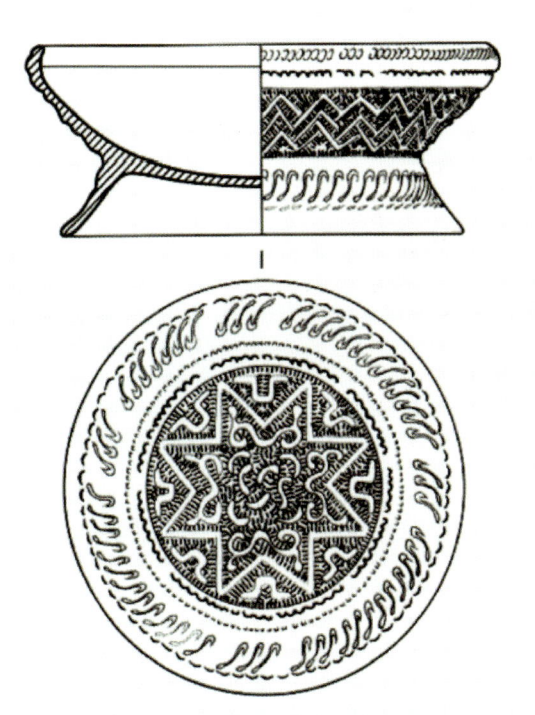

组图1-70 汤家岗陶器上的八角形星与方花共在纹饰

纹玉版中心刻画着两层八角星纹，研究者一般将其当作太阳的象征符号。我们再将视线移向外圈，外圈刻画的恰恰是四叶纹，被解释为指示着四方（图1-71）。与太阳相关，又与四方联系，这给理解四瓣花纹的意义又提供了一个切入点。

这样看来，与八角星形纹饰共存的四瓣式四叶方花纹，在高庙文化早期就已经成为定式出现在白陶上，它们都是高庙人首创的太阳象征符号。

图1-71　凌家滩八角星形纹玉版

2000里+2000年：高庙白陶北行记

  我这两年比较关注高庙白陶，此前在湖南文物考古研究所观摩了多处遗址出土的白陶，为陶器上精致的图案所深深吸引。加之有千家坪和高庙遗址两部考古发掘报告刊布，更让我深陷其中不能自拔。我称白陶的出现是中国史前时代涌起的第一次艺术浪潮，原以为它只是涌动在南国区域，但通过对新旧资料的梳理分析，发现事实上这个浪潮波及的范围之大，远在我们的想象之外。

  起于潇湘的白陶艺术浪潮，向四外传播扩散，北越长江，过江汉与江淮，故作此《高庙白陶北行记》。

高庙遗址先后经 1991 年、2004 年、2005 年三次科学发掘，因出土了大批特别的白陶而引起关注。实际上相同的白陶遗存在更早的考古发掘中便有发现，且不说在浙江的零星发现，现在看来 1983—1984 年陕西南郑龙岗寺遗址[①]的发现，时间也早于高庙遗址。

龙岗寺位于陕西南部的汉中地区，在龙岗寺遗址下层 T9 底部出土了 8 片白陶片，考古报告中说陶片泥质很细，其中 4 片表里均为白色，另 4 片为红胎白陶，表里全部被磨光。"外表压印有浅浮雕式的花纹图案，有些陶片上并施有暗红色彩"。其中有一件上的"图形略似大嘴兽面"，仔细观察似乎可以看出是獠牙兽面，当然并不能完全确认。这些白陶被判定属于半坡时期，实际上要早于这个时期，推断应早于 7000 年前。有一片较大的白陶片现在陕西考古博物馆展示，它上面压印的纹饰非常细腻，属于精工制作的作品（图 1-72）。

图 1-72　龙岗寺白陶上有精工细作的纹饰

① 陕西省考古研究所编：《龙岗寺——新石器时代遗址发掘报告》，文物出版社 1990 年。

在龙岗寺发掘30多年后的2018年，东淮河流域的江苏淮安发掘出了黄岗遗址，在其下层距今约7000年的青莲岗文化层位，即黄岗一期遗存中，发现了几片压印纹白陶圈足盘的残片。发现之时已是高庙遗址资料初步公布之后，所以人们推断"这种白陶产自长江流域的湖南地区，却千里迢迢来到淮河下游"，"它在黄岗遗址的先民中间，是稀罕珍贵的舶来品"。我们在其中一片白陶上，看到了残存的两叠尖翅图形，缺失的部分应是日乌的身首或獠牙神面。这样的尖翅图形，是高庙白陶上常见的日乌与太阳神面图像的构成部分（组图1-73、图1-74）。

组图 1-73　黄岗一期遗存出土的压印纹白陶残片

图 1-74　高庙白陶上载着太阳符号的日鸟

1988年发现的安徽繁昌缪墩遗址，是皖南发现的最早的新石器时代文化遗存，距今大约7000年。其中一些白陶上饰有篦点纹、戳印纹以及贝纹组成的图案，起初大家认为这些白陶"与马家浜文化的刻纹白陶风格相近，其年代亦大体相当"。其实它也是高庙文化的原作，也是远途跋涉而来（图1-75）。

图1-75　缪墩遗址出土的白陶残片

1986—1989年中国社会科学院考古研究所对湖北黄梅塞墩遗址进行发掘，在地层与灰坑中发现若干白陶片，发掘者判断它们属于6500年前的黄鳝嘴文化。[①] 所见白陶也体现了高庙文化风格，纹饰多见篦点压画纹，制作十分精细。其中有一片以二方连续方式构图的纹饰，极似高庙遗址陶器上的极简版神面獠牙纹（图1-76、图1-77、图1-78、图1-79）。

　　龙岗寺白陶被发现后，研究者将它与湖南地区发现的大溪白陶相比较，那是因为当初还不了解大溪白陶的源头是高庙文化。其实龙岗寺白陶的风格与纹饰构图，是更接

图1-76　塞墩白陶器底

[①] 中国社会科学院考古研究所编：《黄梅塞墩》，文物出版社2010年。

图 1-77 塞墩白陶拓片

图 1-78 塞墩白陶上的极简獠牙纹

图 1-79 塞墩白陶线图

近于高庙白陶的。黄岗遗址出土的白陶非常精致，风格也与高庙白陶非常接近。

无论是龙岗寺、黄岗还是缪墩和塞墩出土的白陶，这些北上白陶的精致品相，让我们有理由相信它们原本就是从高庙白陶中千挑万选出的精品，是专意挑选出来外传的。

高庙白陶应当有过多次批量化北上的行程，可以设想，现在考古时偶尔发现的北上白陶只是其中极少的留存，未来一定会有更多的发现。

也许，高庙白陶还曾经有过更远的北向行程，我们在东北兴隆洼文化的玉器与石雕上，在红山文化的玉龙上，都看到了相似的獠牙面相，我觉得这都是高庙文化信仰传播的结果。

的的确确，涌动在南国区域的白陶艺术浪潮波及的范围之大，远在我们的想象之外。2000 里 +2000 年，这样的时空距离，是南方白陶曾经北上的旅程。这是已知的艺术旅程，也是信仰的旅程，推测这个旅程也许远超我们目前所确认的这个时空，实际上应该传播得更久、更远。

太阳神树与太阳屋

我们知道三星堆出土文物,揭示了古蜀人的信仰体系,表现了太阳崇拜主题。其实三星堆的太阳神话在8000年前就开始有绘本流行了,我们在高庙白陶上找到了重要证据。

三星堆出土的最为壮观的青铜器,是一棵树形制品。主干上挂有三层分枝,连同主干共有10枝,每个枝头立一只漂亮的鸟儿,这很容易让人想到古代十鸟十阳的太阳树传说,所以它被命名为太阳神树(图1-80)。

三星堆新近出土的一枚玉琮上,两侧各刻有一棵树的图形,又让人自然地想到那高大的青铜

图1-80 三星堆1号青铜神树示意图

图 1-81 三星堆刻画着神树图形的玉琮

太阳神树（图1-81）。将这两类神树相提并论，并没有什么不妥，虽然神树图形为何会出现在玉琮上这个问题还需要研究，但单单这神树也可以好好讨论一番。

这太阳神树，可看作三星堆人为后世保存的立体神话。更让人惊奇的是，这样的太阳神话其实在更早的年代就被创作出来了，我们在近8000年前的高庙白陶上，就发现了太阳与太阳神树的图像。

这里重点要说的是白陶上的太阳神树。我们知道高庙白陶出现的年代非常早，白陶上有太阳和太阳鸟图像已经没有疑问，还有太阳神树，真是太不可思议了。

仅就湖南桂阳千家坪的发现而言，在白陶上与太阳图像一起出现的神树，有两棵或三棵的区别，但树形大小相近。如果只出现半个太阳时，就只有一棵树的图像。树体均呈三角形，如同一片大树叶，中间多绘有主干，两侧是如叶脉一般的平行线（图1-82）。

图1-82　千家坪白陶上的太阳与太阳神树

图 1-83　千家坪白陶上的太阳屋现太阳树纹饰

如果图中出现了三棵树，依神话传说有扶桑、若木和建木之名，与白陶上的图形如何对应，留给高人进一步探讨。

与神树同在的太阳，都有连珠式的光芒。不能解释的是太阳与神树同时出现在一座大房子里的原因。房子有尖尖的屋顶，顶盖是两面坡形式（图 1-83）。

太阳神树与太阳都出现在一间带屋顶的大房子里，首先会让人想到这表现的会不会是太阳宫殿？只因太阳在上，神树在下，又会让人觉得画面描绘的是天空与大地的景象，有天有地，很有可能是一幅宇宙图景。

高庙人画出的天与地，就是这个模样。太阳是天上的主角，树是地上的主角，那座大房子表示的是天庭，是宇宙。

与太阳相关的神树观念，在后世依然被传承着。凌家滩文化中的玉树呈三角形，与高庙陶器上的完全相同，也刻画有叶脉状的枝叶（图1-84）。

图1-84 凌家滩玉树

汉画中也有神树图像，只是我们通常是把它当自然景观来欣赏。不过当这神树与高阙一起出现的时候，我们就不能等闲视之了。特别是那高高并立的双阙，如果它们是天门的象征，它近旁的树影就一定是神树了，双阙配三树，那无疑就是天门与太阳神树（图1-85、图1-86）。

从三星堆时期向前追溯，我们就会更加了解太阳神话的流行时间有多么久远，在见于文字记述之前，它就已经是传说时代的非传说故事了，那是非常确定的图像故事，是生动的绘本故事。

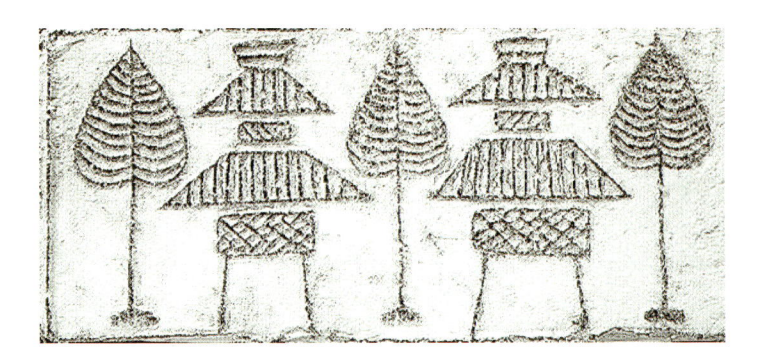

图 1-85　河南许昌汉画中的双阙配三树

图 1-86　河南禹州汉画中的天阙与神树

第二章

獠牙神面

獠牙神面

在史前艺术中，有一些半人半兽的艺术形象，不论是绘在彩陶上的抑或是刻画在器物上的，这样的形象都被我们认作神面，是人格化的神灵。这样的神面，表现出特别的恐怖感，你觉得它像人，又非人。将神面刻绘成狰狞模样，大约是史前艺术创作的一个通例。圆瞪的大眼、龇出的獠牙，恐怖之态令人惶惑。

高庙陶器上刻画的神面，构图非常独特，已经是很固定的形态，显露着龇出的獠牙，可以说是以表现獠牙为主。神面大都已经相当简化，只留下一张龇着上下两对獠牙的嘴，獠牙既尖且长，狰狞之态跃然眼前（图2-1）。

图 2-1 高庙白陶上的极简獠牙神面

高庙白陶上刻画的獠牙神面数量很多，构图出奇地一致，令人非常惊讶。神面上獠牙的数目，最常见的是正面视图时显示的四牙组合，二上二下，上牙在外侧，下牙在内侧，而且很多还会绘出示意的唇口形状，但是一般都不见眼睛。

獠牙神面，有正面构图的，也有侧面构图的。獠牙神面常常出现在鸟翅位置，偶尔见于鸟体中心位置，或是直接生出双翅飞翔。有时还会出现在带芒体的圆形图案之中，左右是展开的鸟翅，象征放光的獠牙神面在飞翔（图2-2）。更奇巧的是，獠牙神面排列成密集的二方连续样式，在器物上构成一个独立的纹饰带，要辨认起来也不那么容易。

神面上的獠牙形状变化不定，长短钝利等细部表现有些不同，但是都可以被确定为獠牙之属，这就让我们能够确认獠牙也是高庙人认同的一个重要符号。高庙人所绘獠

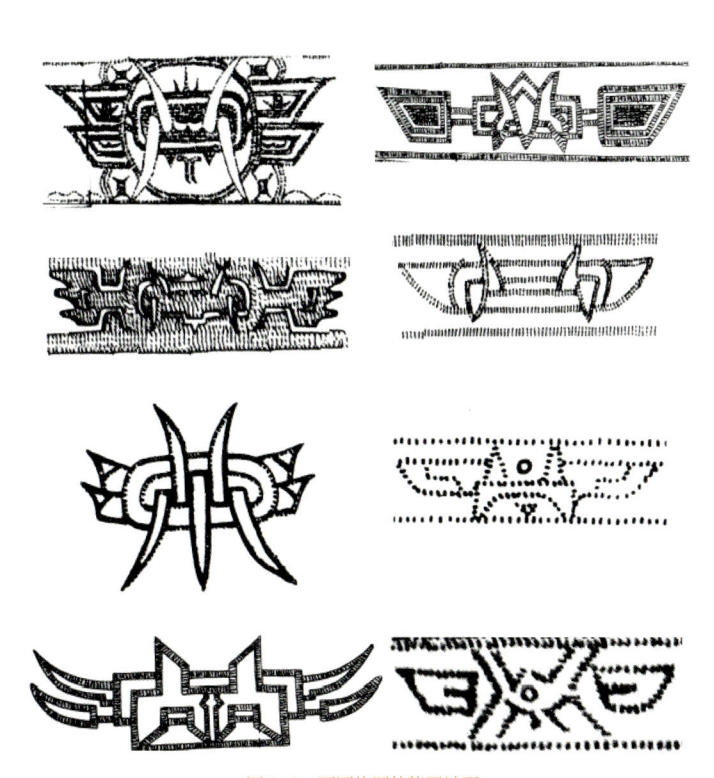

图 2-2　不同构图的獠牙神面

牙神面即是太阳神面，獠牙神面信仰体现的是太阳崇拜。

　　高庙白陶上的獠牙神面令人非常惊讶，值得仔细观察研究。我在这里想表达的是一个初步观察印象，重点关注的是它的形态变化。

　　最常见的是正面视图的獠牙神面，显示为四牙组合，二上二下，上牙在外侧，下牙在内侧，而且大多绘出口腔形状。其次还有 2 牙组合，一上一下，表现的是侧视画面，可以想象还有两个牙在看不见的另一侧。另外还有一牙的画面，虽然看不到神面构图，却可以推导出它是一个简略的画面。

獠牙神面常常出现在鸟翅位置，有时又见于鸟体中心位置。多数情况下是横列样式，少量竖列样式。根据这些不同，可将神面獠牙粗分为 a—g 六式：

a 式：画面为正面四牙，构图比较规整，左右对称。獠牙轮廓线流畅，透出一种锋利的感觉。外围有明确的口腔图形，口腔转角或方或弧（组图 2-3）。

组图 2-3　a 式獠牙神面

b式：画面为正面四牙，上下牙连接在一起，牙形较短小。没有a式那样的口腔轮廓，但有的外框围有一个圆形图案，有的圆形外围还出现有线形光芒，有研究者认定此为太阳图形。獠牙出现在太阳图形之内，对于了解它的含义提供了关键依据（组图2-4）。

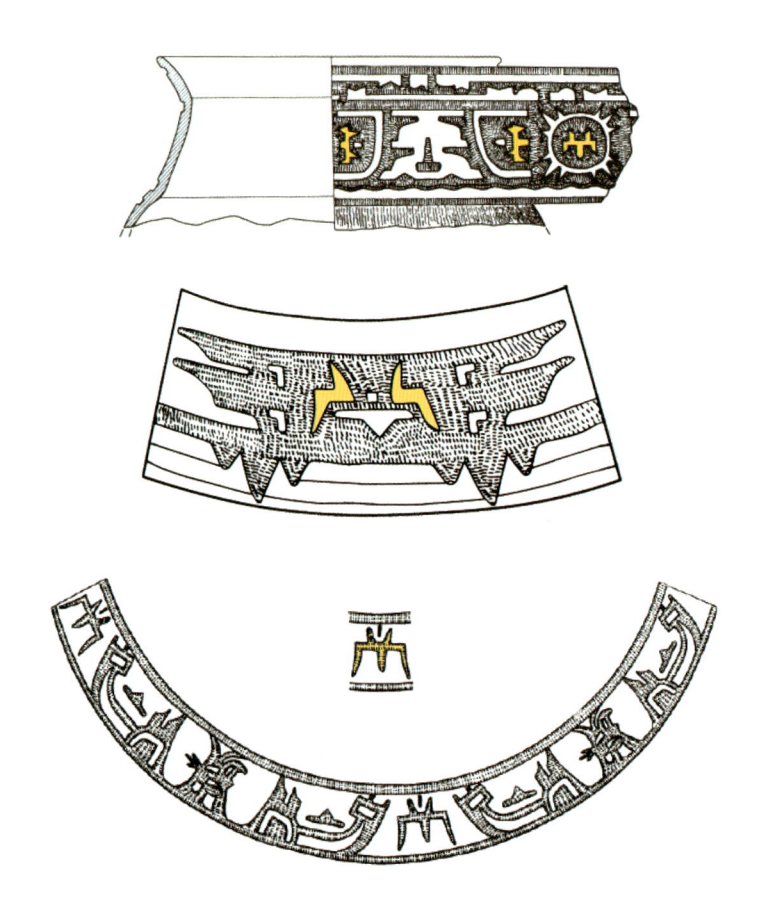

组图 2-4　b 式獠牙神面

c 式：画面为正面四牙，牙体一般比较短，并向外龇出，有明显的弧度。可分为有或无口腔轮廓两种形式，口腔轮廓又分为方形与圆弧形两种样式。在中心位置还有方圆不一的图形，与另外一些被视为太阳的图形类似（组图 2-5）。

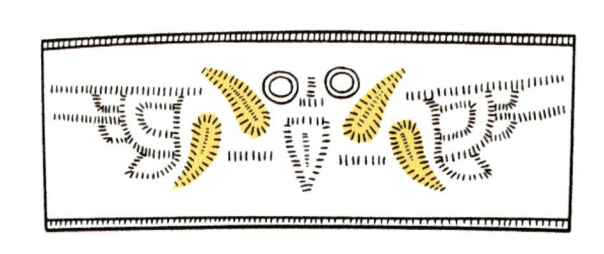

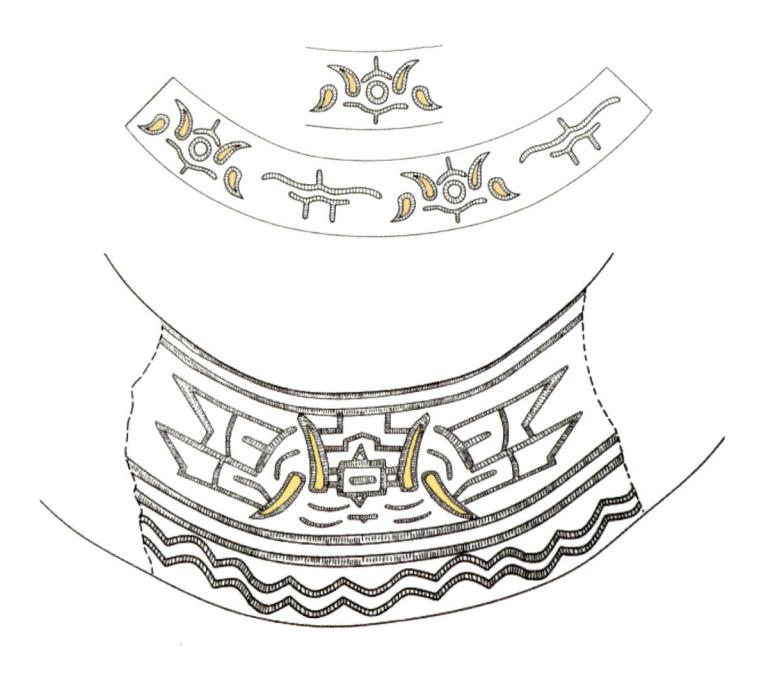

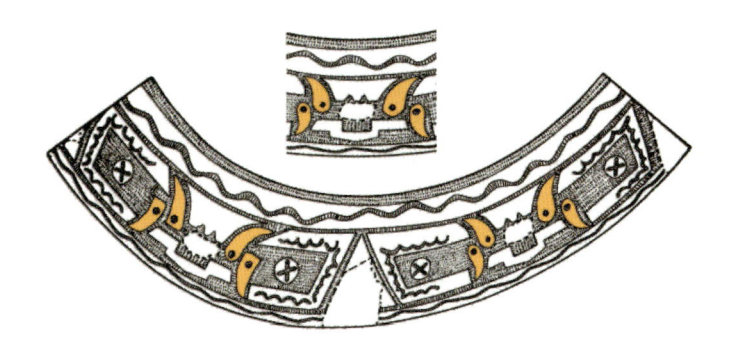

组图 2-5 c 式獠牙神面

d 式：画面为正面四牙，画面小，轮廓线不清晰，牙形边缘不流畅，没有锋利的感觉（组图 2-6）。

组图 2-6　d 式獠牙神面

e 式：画面为侧面二牙，出现在鸟首，獠牙一上一下。带獠牙的飞鸟图形虽然很少，但却显得非常重要，应当是赋予了鸟特别意义的艺术表现方式（组图 2-7）。

f 式：画面为侧面二牙，出现在鸟翅中心，呈左右对称布局（图 2-8）。鸟翅带獠牙，与鸟首带獠牙有同样寓意，而且我见过不止一件鸟首鸟翅上同时绘出獠牙的器物。

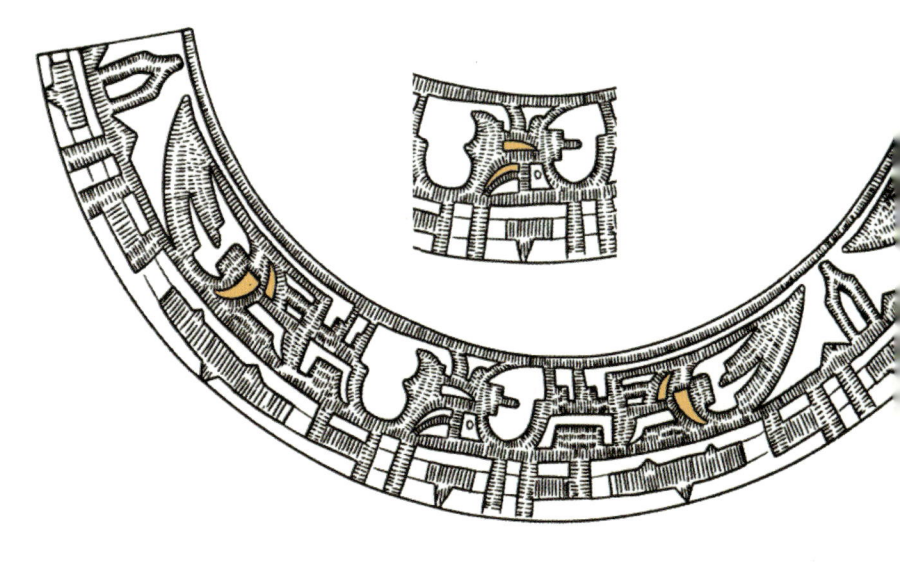

组图 2-7　e 式獠牙神面

图 2-8　f 式獠牙神面

第二章　獠牙神面　109

g式：画面为正面四牙，构图接近b式，上下獠牙连接在一起，牙体较短。几例都是见于左右鸟翅上，而且垂直于鸟翅，不易辨识（图2-9）。

图2-9　g式獠牙神面

根据上面的图像分类分析，将这些不同的獠牙神面罗列在一起，它们之间的异同便一目了然。这就是高庙人的艺术创造，也是他们对共通的信仰的艺术表达方式。

神面上的獠牙变化不定，细部表现有些不同，但是都可以归为獠牙之属，这样就让我们确认了獠牙也是高庙人认同的一个重要符号（组图2-10）。这里仅限于对獠牙神面进行分类观察，并没有准备就獠牙之来处与去处展开

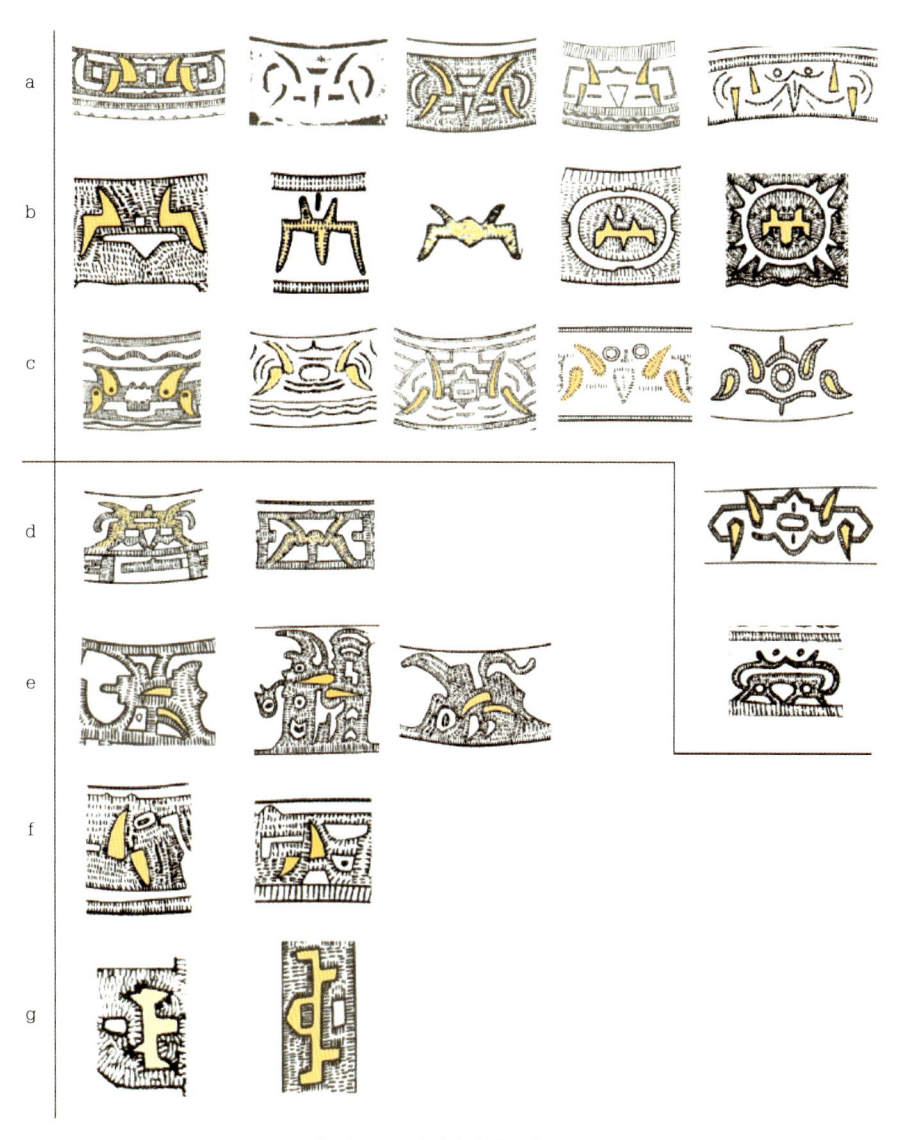

组图 2-10 高庙各类獠牙神面

讨论。不过此前已经概略谈到高庙人所绘獠牙神面即是太阳神面，獠牙神面信仰体现的是太阳崇拜，我们对此是坚信不疑的。

（本文插图中的白陶资料采自湖南省文物考古研究所编《凤舞潇湘：桂阳千家坪出土陶器》，故宫出版社2020年）

与鸟齐飞

神面獠牙、飞鸟与太阳,可以称为高庙文化白陶艺术主题的三要素。我的观察是,这三要素是互为关联的,必须联系起来研究。

我曾重点讨论过白陶上的獠牙神面,虽然抓住了重点,却没有兼顾相关纹饰,所以也就没有得出确定的结论。其实白陶上的獠牙神面,一般只表现出一张嘴与四颗獠牙,我们并没有见过完整的神面,我们指称的神面,不过是一张神嘴或是一组神牙而已,当然我们还是会使用神面这个名称,并将它视作神面的简略构图。

白陶上的獠牙神面频繁出现,并非孤立的存在,而是常常与其他纹饰形成组合。

一是与飞鸟同组。神面在鸟的左近,或者在两只鸟之间的位置,表示神面与鸟齐飞(图2-11)。

二是与飞鸟双翅同组。飞鸟左右翅中心都出现有獠牙神面,表示鸟带着神面在飞翔。神面多为正面构图,也有些是侧面形态。这一类构图比较固定,数量也最多(组图2-12)。

图2-11 与鸟齐飞的獠牙神面

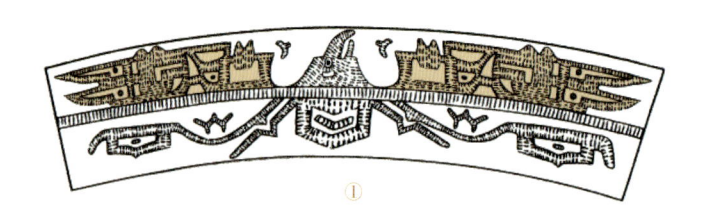

①

②

③

④

⑤

组图 2-12　鸟带着獠牙神面在飞翔（1-5）

第二章　獠牙神面　115

三是与鸟体同组。侧面飞翔的鸟体中部带有獠牙神面，或者是带着一个圆形象征图形，表示鸟驮着獠牙神面在飞翔（图2-13）。

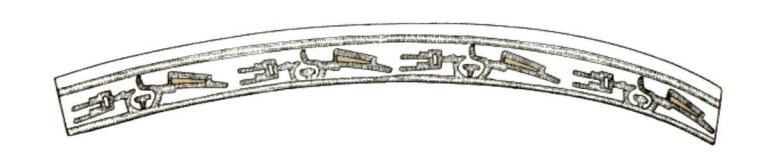

组图2-13　鸟驮着獠牙神面在飞翔

四是与鸟体重叠。将鸟体用獠牙神面替代，形成獠牙神面展翅飞翔的构图（组图2-14）。

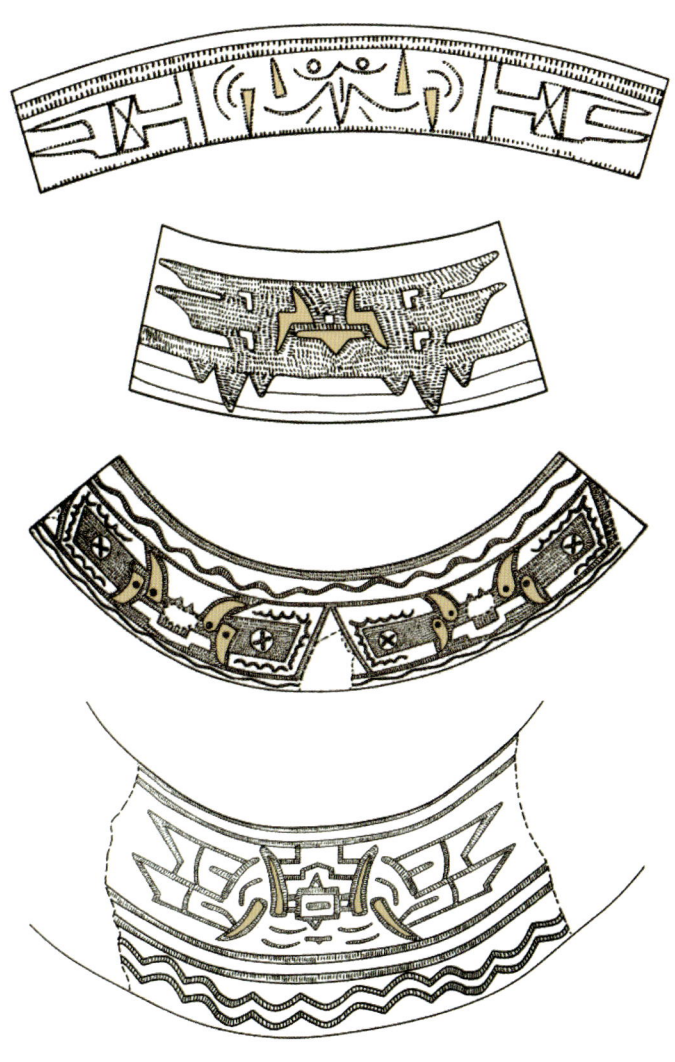

组图2-14 獠牙神面在展翅飞翔

五是在鸟翅间和翅上都有神面。有正视的全神面,也有侧视的半神面,前者为二上二下的四牙构图,后者露出一上一下的两颗牙(图2-15)。

图2-15 在鸟翅间和鸟翅上同时出现的獠牙神面

六是双侧飞鸟之间有简化的獠牙神面,即T字形图案。这种T字形除了出现在鸟体附近,有时也出现在鸟翅中央位置,显然它具有神面的意义,应当是一种简化的神面符号(图2-16)。

图2-16 飞鸟之间简化的獠牙神面

七是曲边四方形图案出现在左右鸟翅上。四方形中有时还套绘一个圆形，而且在方形图案的中间加绘着变化不定的十字形，十字形有时会穿透方形，有时装饰在方形的外围。有时四方形直接被绘成一个空十字形。虽然变化较多，但总体来看它们描绘的是同一类客体（组图2-17）。

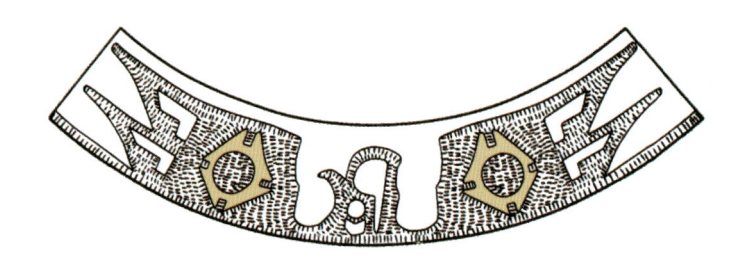

组图 2-17　左右鸟翅上有各种曲边四方形图案

120　肇造文明：中国史前艺术浪潮·白陶

八是獠牙神面处在带芒体的圆形图案之中，左右是展开的鸟翅，象征放光的獠牙神面在飞翔。双翅上也有獠牙神面，獠牙呈竖立式。这个图式虽然发现得不多，却非常重要，对我们理解獠牙神面的意义至关重要（图2-18）。

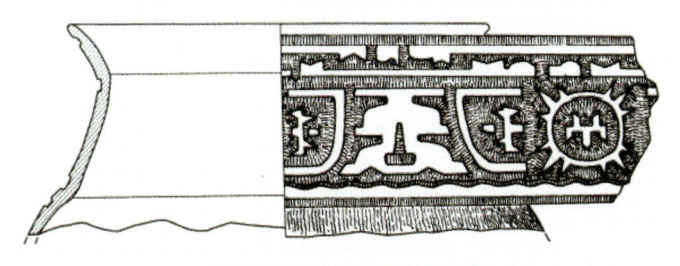

图 2-18　放光的獠牙神面在飞翔

对于如此丰富而又变化多端的白陶图案，想理出一些头绪来真的是不容易。首先要抓住一个重点，就是鸟形和与它相关的那些图形之间的联系。

与鸟形相关的图形，最多的就是那些带有十字形的四方形图案，四方形图案又常常与圆形套叠，发掘者认定它们表现的就是太阳，十字形则表示的是方位或方向。我们非常赞同这个判断,那就是太阳是所有相关图案的核心所在。

在这样的四方形与圆形叠加的图案中,我们还发现了用八角图形象征光芒的构图,令我们更加坚信了这是太阳(组图2-19)。

组图2-19 四方形与圆形叠加的图案

图 2-20　八角图形中的獠牙神面

更让人惊讶的是，在这样的八角图形中，有时也会出现獠牙神面（图 2-20）。这样一来，我们就获得了一个关键的信息，獠牙神面应当是太阳的灵魂所在，它就是当时公认的太阳标志。而那些附着在鸟体上的圆形，还有替代獠牙神面和太阳图形出现的 T 形图案，也一定就是太阳的象征。

一些画面上飞鸟双翅上有獠牙神面，翅间有太阳图形，表达的一定是太阳运行的景象（图 2-21）。

那么这些鸟与鸟翅所扮演的是什么角色，也就不言自明了，它们就是神话中的阳鸟（图 2-22），画面描绘的是阳鸟载着太阳在天空飞翔。高庙白陶的发现也让我们确信，阳鸟神话大约在 8000 年前就已经形成了。

第二章　獠牙神面　123

图 2-21　飞鸟双翅上有獠牙神面，翅间有太阳的图形

  太阳以獠牙为标志，阳鸟也以獠牙为标志。光芒万丈的太阳，被高庙人描绘成口吐獠牙的模样。这獠牙神面又与鸟同飞，或是自己长出一双翅膀飞翔。獠牙在太阳里面，獠牙在阳鸟身上，高庙文化无器无獠牙，獠牙神面在高庙文化中是无处不在的。

  高庙白陶艺术表达的中心意境就是太阳崇拜，只是这

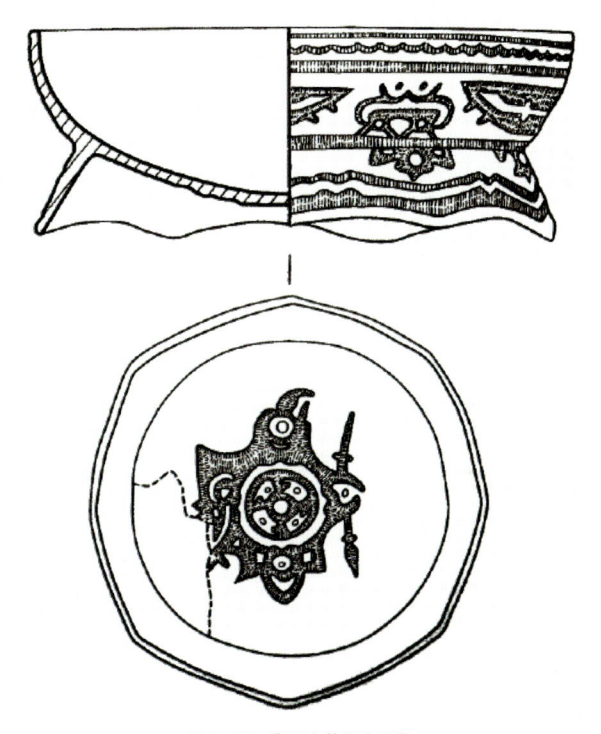

图 2-22 陶器上的阳鸟图像

太阳的艺术形象显得过于狰厉，到底表示的是炫目的阳光还是热辣的温度，抑或二者兼有，我们作为观者可能很难有一致的理解。

虽然我们在太阳与獠牙之间，很难找到联系，但是将光线提炼为獠牙之形，又似乎并不难理解了。

在网络上搜一搜，发现某款电子游戏中出现了"长着獠牙的太阳"的形象，还有"太阳之牙"一类的主题作品。既然现代人可以如此脑洞大开，高庙人神游天外而想象出太阳的獠牙，也就没什么可奇怪的了。

我们知道在史前中国南北地区都曾出现过以獠牙神面崇拜为主题的艺术形式，但我们还不能确定这些全都与太阳崇拜有关联。而高庙白陶上刻画的鸟和獠牙神面，真就是一曲太阳颂歌。阳鸟载着太阳，在高庙文化中创造出了迄今所知最早的绘本神话。太阳放射出的那獠牙般的光芒，照耀着高庙人的心田，也照耀着他们子孙行进的路。

（插图选自湖南省文物考古研究所编《凤舞潇湘：桂阳千家坪出土陶器》，故宫出版社 2020 年）

神面展翅

在高庙陶器的纹饰上,人们发现了大量的獠牙神面。这些獠牙神面有的独立出现,有的与日乌同在,特别引人注目的是,有的还生有双翅正在展翅飞翔。

张开双翅飞翔的獠牙神面,在高庙遗址下层出土的陶器纹饰中数量不少。在一件纹饰繁复的陶罐上,左右耸立着高高的塔台,中间纹饰有四颗尖利的獠牙龇出唇口,外围环绕的是伸展的双翅,画面非常壮观(图2-23)。

不同神面上的獠牙也有细微不同,有时没有那样尖利,为宽扁的样式。这种宽扁的獠牙,牙尖呈斜面龇出扁方形唇口,显得很锋利。左右伸

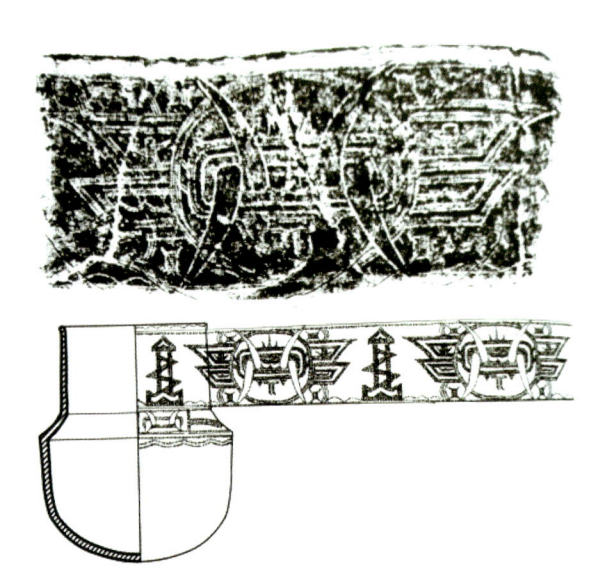

图 2-23　高庙陶器上壮观的画面

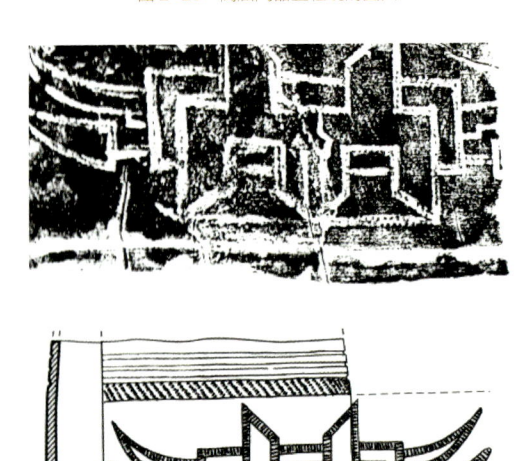

图 2-24　宽扁的獠牙

128　肇造文明：中国史前艺术浪潮·白陶

展的双翅较为窄小，显得很轻巧（图2-24）。

还有一种带飞翅的獠牙神面，獠牙被直接刻画在翅膀上，四牙与双翅线条都很简略，是一种简装的带飞翅的獠牙神面（图2-25）。

带翅膀的獠牙神面，翅膀的形状也有诸多变化，其中有一种翅膀的外形轮廓呈梯形，类似迎风招展的旗帜。这样的例证还比较多。神面的翅膀多变，獠牙也有变化，但主题意境并未改变（组图2-26）。

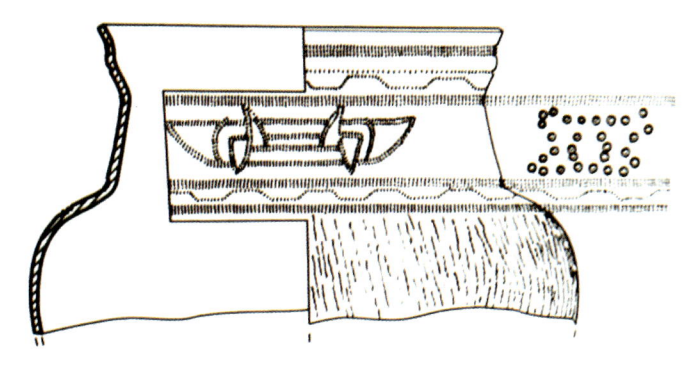

图2-25　简装的带飞翅的獠牙神面

肇造文明：中国史前艺术浪潮·白陶

第二章 獠牙神面 131

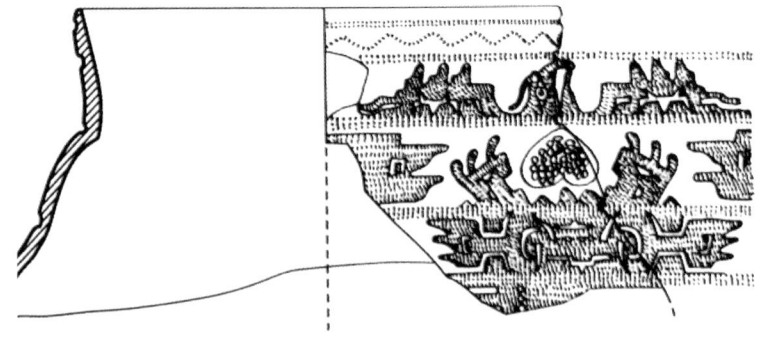

132　肇造文明：中国史前艺术浪潮·白陶

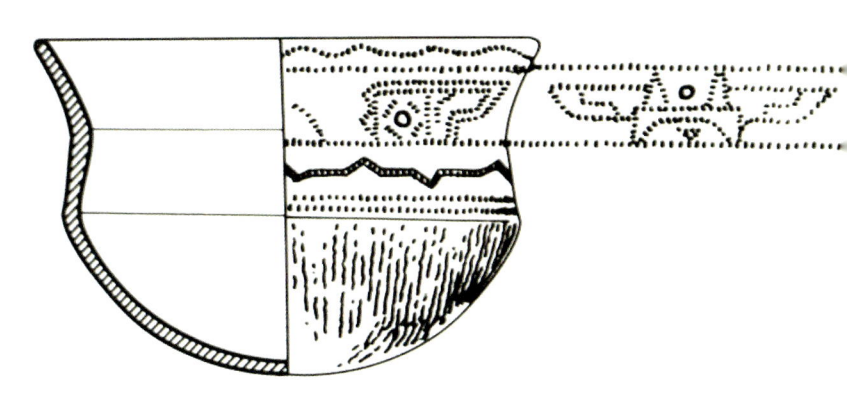

组图 2-26　翅膀、獠牙多变，但表现主题不变的带翅獠牙神面

第二章　獠牙神面　133

飞翔的獠牙神面，有时也出现在器盖顶面的装饰中，獠牙比较夸张，但翅膀却比较小巧，显得很不起眼，不注意很容易忽略它的存在（组图 2-27）。

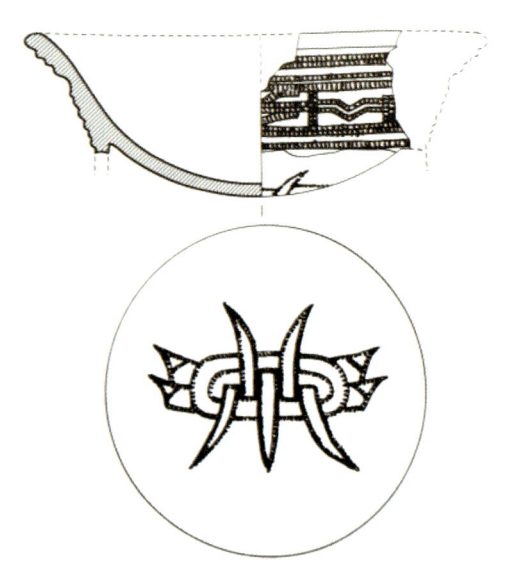

组图 2-27　翅膀小巧而獠牙夸张的獠牙神面

在一件陶盆上，日乌与獠牙神面共存，双双伸展着翅膀，有比翼飞翔的意境（图2-28）。这个例证也许是在告知观者，会飞的獠牙神面与日乌之间，有着非常紧密的联系。

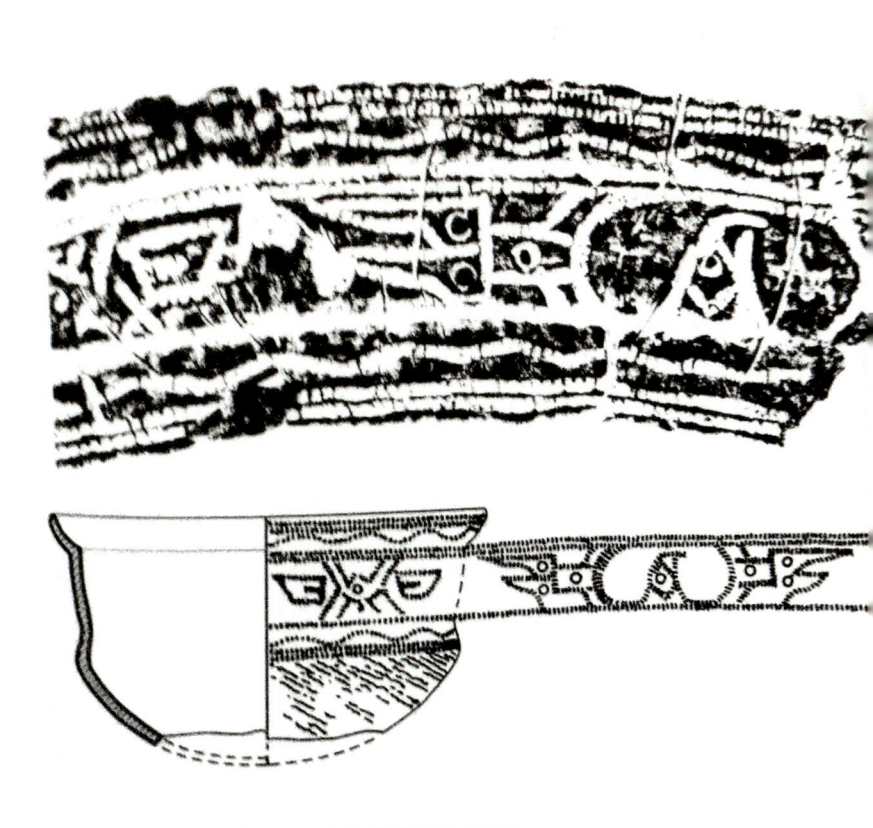

图2-28　日乌与獠牙神面比翼飞翔

在另一件圈足盘腹面出现的带翅膀的獠牙神面中，獠牙为倒置的模样。它其实应当是一个器盖，倒过来看图案便正常了（图 2-29）。

图 2-29　倒置的圈足盘上的带翅膀的獠牙神面

这般飞翔的獠牙神面，在桂阳千家坪遗址的陶器纹饰中也有许多（组图2-30）。獠牙神面与鸟翅同组，替代鸟体，形成獠牙展翅飞翔的构图。

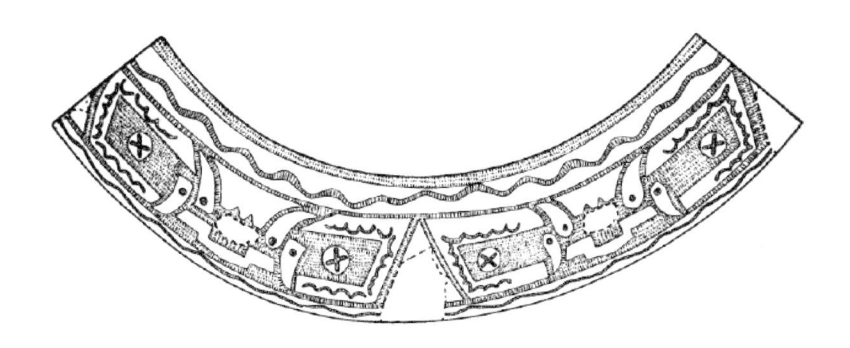

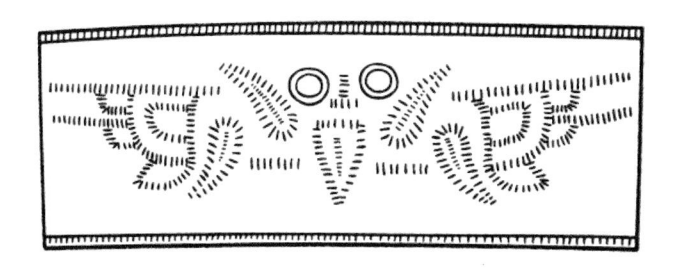

第二章　獠牙神面

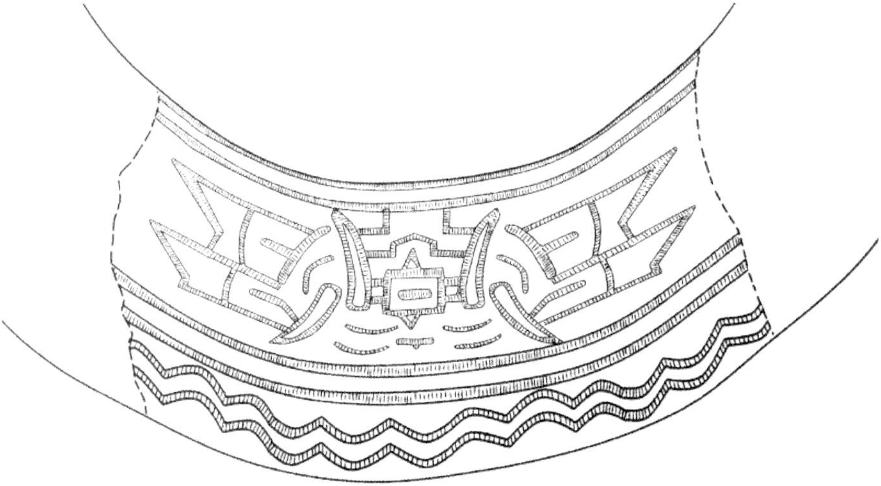

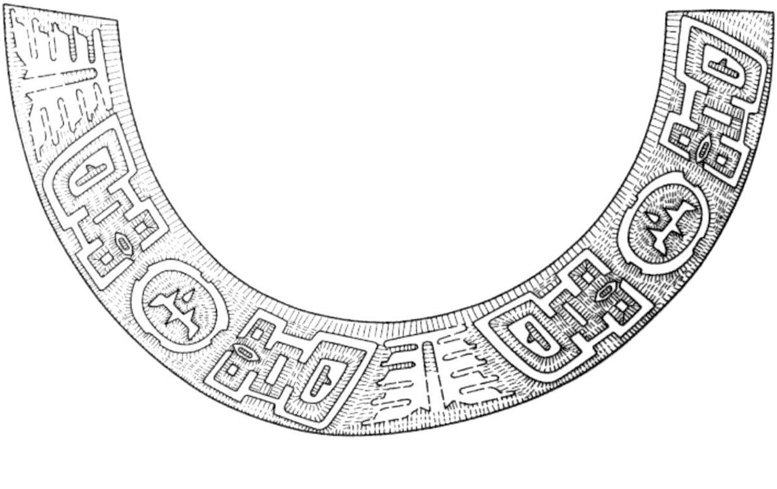

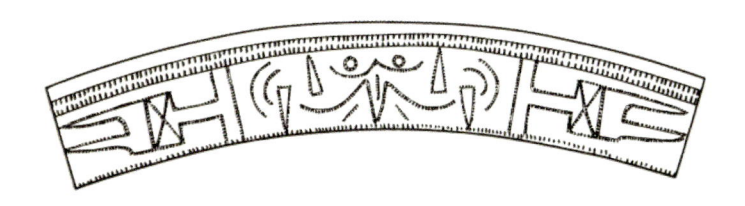

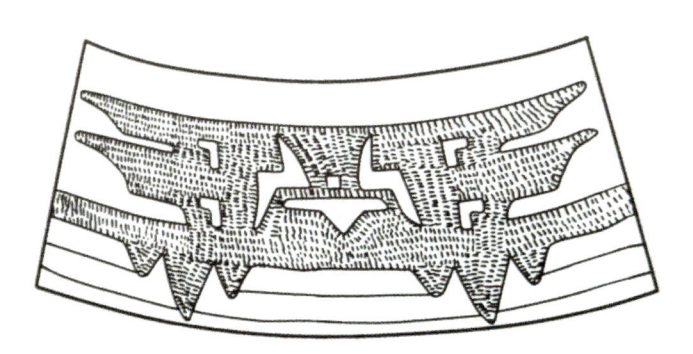

组图2-30　千家坪陶器纹饰中飞翔的獠牙神面

第二章　獠牙神面　139

极简之路

在高庙人的心里，日神的模样，就是长有四颗獠牙的神面。獠牙神面的构图，有的比较复杂，有的比较简略，有时也能见到一种极简版的獠牙神面。

高庙人造出的獠牙神面，在陶器上表现时有一步步简化的趋势。獠牙神面上獠牙的模样，常带有或方或圆的唇口，獠牙呈现空心构图样式（组图2-31）。而简省的第一步是去掉唇口，仅刻画出四颗獠牙。正面视图的獠牙，为四牙组合，二上二下，上牙在外侧，下牙在内侧（图2-32）。

组图 2-31　空心构图样式的獠牙

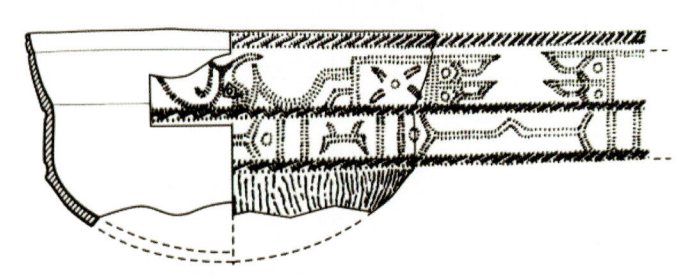

图 2-32 简化掉唇口的二上二下獠牙组合

142　肇造文明：中国史前艺术浪潮·白陶

在艺术创造中，神面上獠牙的简省形式还有进一步的表现，向着更简单的符号变化。简化的结果，就是用箆点单线刻画出獠牙组合，四颗牙还是按照固有的次序排列，没有改变（组图2-33）。或者偶尔会用同样的箆点单线条，刻画出唇口的示意轮廓，表现出神面明确的模样（组图2-34）。

这样简单的四根箆点线条，就构成了一个极简版的神面，这是高庙人的杰作。神面上的獠牙变化不定，细部表现不同，但是都可以确定为獠牙之属，可繁可简的獠牙神面是高庙人认同的一个重要符号。我们之前讨论过高庙人所绘獠牙神面即是太阳神面，獠牙神面信仰体现的是太阳崇拜，对此我们愈发坚信不疑。

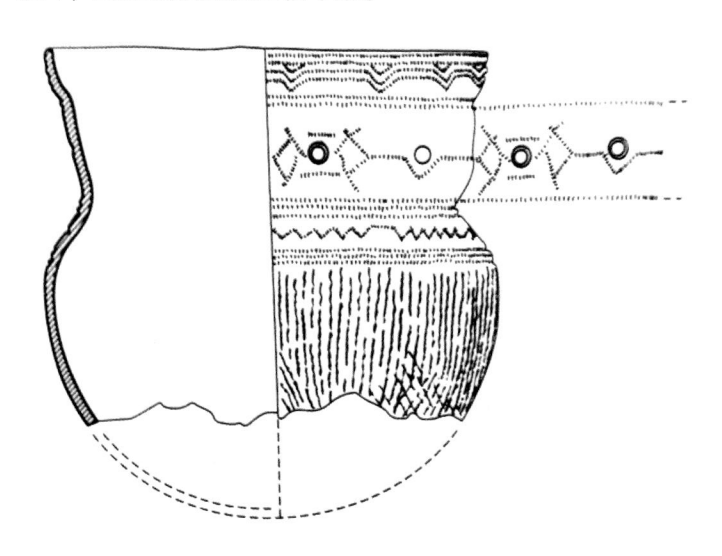

组图 2-33　用篦点单线刻画的獠牙组合

第二章 獠牙神面　145

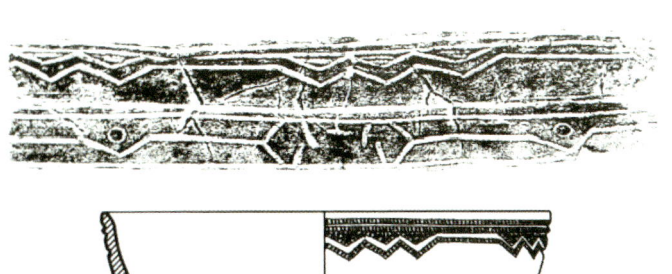

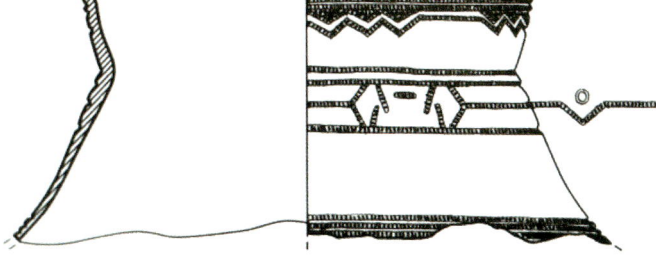

组图 2-34　用篦点单线刻画的极简神面

神面的唇口

虽然有许多神面简略到只表现为四颗獠牙，但全形的神面却是有唇口的，只是唇口的形状并不相同，会有一些变化。

獠牙神面的唇口，轮廓一般都为扁长形，转角处或方或圆。唇口整体显得较紧致，獠牙外齿比较夸张，工匠追求的可能就是这样的效果。按照轮廓形状，唇口可分为以下几种。

第一种唇口为扁圆形，唇边转折处呈圆弧状。这样的形状可以出现在独立的獠牙神面上，也可以在带翅膀的獠牙神面上见到（组图2-35）。

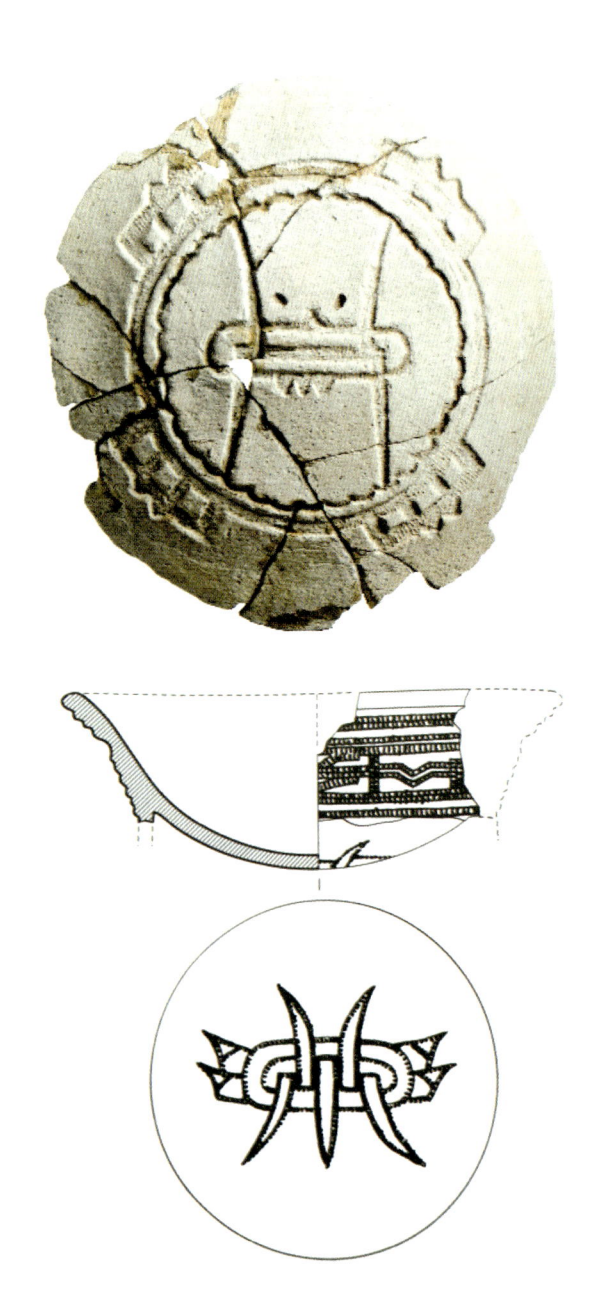

148　肇造文明：中国史前艺术浪潮·白陶

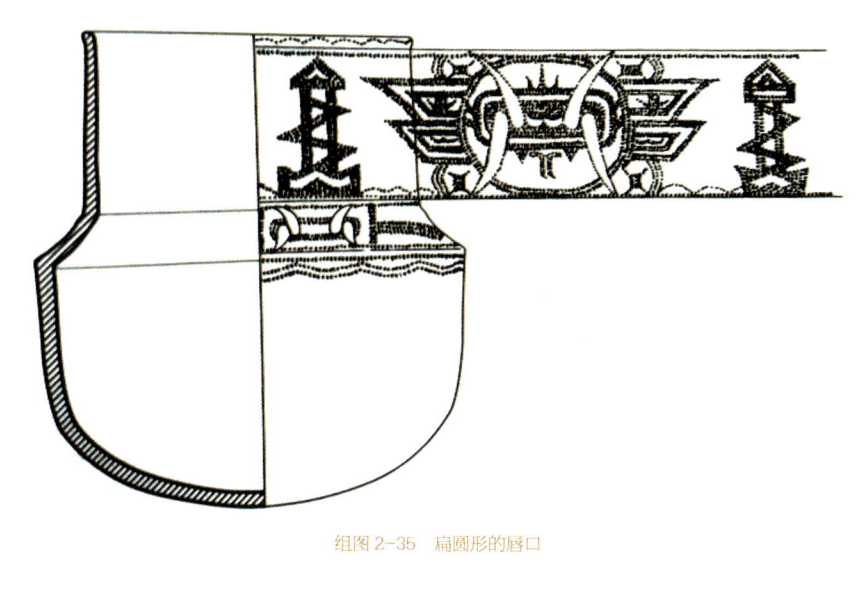

组图 2-35 扁圆形的唇口

第二种唇口为扁方形，这类例证较多，是主流形态，多见正框之形，转折之处比较明显。獠牙多见尖长形，唇口显得比较窄小（组图2-36）。

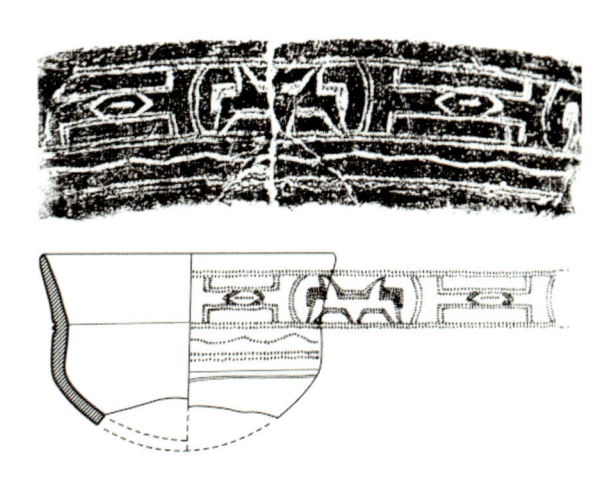

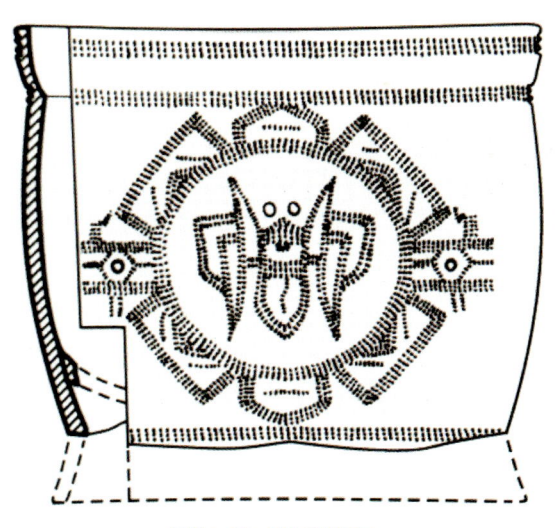

组图 2-36 扁方形的唇口

第二章 獠牙神面 151

第三种唇口为多边形，构图似六边形，较为精致。这一类唇口形状较为别致，不明白设计者由何得到启发（组图 2-37）。

扁方形、扁圆形和多边形，高庙獠牙神面的唇口，为何有形状上的区别，我们并不明了。也许这背后并没有什么特别的原因，只是工匠自己随性的发挥而已。但既然它们在表现上有区别，我们也需保留一点疑问，留待后来者解析。这几类唇形，在桂阳千家坪遗址陶器神面上也能见到，应当不存在地域差别问题。

组图2-37　多边形唇口

南北獠牙神及猪形象的神化

史前人类有过多次造神运动，我们在各类史前艺术品上，看到了当初造出的众神模样。

面对这样的艺术品，我们要发问：造神艺术的原则是什么，我们又如何去发现那些重要的神性密码呢？

2015年，我在为《光明日报》开设的《寻踪》专栏中，发表了一篇小文，叫作《看远古如何造出神模样》。在随后的几年里，本文都被选为一些地区高考或模拟考试语文试题的阅读理解题，提问重点是史前神像的獠牙。其实这獠牙，就是文中透露出的一个重要的史前神性密码。

考题的设问正合吾意，只是让我觉得有些尴尬的是，我并不能确定自己可以给出每一题正确的答案。又一年的高考过去了，这个梗却还堵在我的心头，希望它能早些消散。这一次写出本文，我是想就远古神像獠牙问题展开宽泛一点的讨论，这是一个有意思的话题，需要用考古发现的一系列例证做进一步说明。

獠牙可以说是"众神的武装"，人类会借助武器，众神的武器只能来自它们的身体，也许除了角之外，最重要的身体武器就是牙齿了，对那些不长角的神而言更是如此。武装起来的牙齿，就是长长的獠牙，在大量远古艺术品中，我们发现许多神都是以獠牙作为武装的。

獠牙，是史前众神认同的武装，也是人类给予神像最狰厉的象征威严的装饰。

1

我在一篇有关如何造神的小文开篇曾提出这样的看法：

在史前艺术中，有一些半人半兽的艺术形象，不论是绘在彩陶上的抑或是刻画在器物上的，这样的形象都被我们认作神面，是神灵人格化的偶像。这样的神面，表现出特别的恐怖感，你觉得它像人，但它并非人。神面的狰狞模样，在史前艺术的表现形式上大约是一个通例。圆瞪的大眼、龇出的獠牙，恐怖之态令人惶惑。

这样的神面，是史前人制作的神灵的简化图形，它并不只表示一个头面，而是以头以面代表神灵的本体，头面是神灵完形的象征，是一个简约的造型。

下面我会基于文中已有的叙述，再补充一些资料，力求将远古众神的武装更清晰地展现出来。

我原来也想先由良渚文化的玉雕神像说起，但还是决定将这些精致的艺术品放到后面去讨论，所以就按照时间顺序，先由8000—7000年前的艺术神像说起。

在那样古老的年代里，造神运动就曾经掀起过一次浪潮。

2

我们首先要关注的是南方的高庙文化。湖南发现的高庙文化以独特的白陶为重要特征之一，数处遗址的许多白陶上刻画了凤鸟、八角星形和神面等图案，年代可早到距今约7800年。

高庙文化白陶上的兽面神像，一般都只是表现为一张或方形或圆弧形的嘴，龇出长长尖尖的上下獠牙。这样的神面有时出现在器腹，有时出现在器颈或器底（图2-38）。

在这样的神面外围，有时会有一个圆形外框（图2-

图 2-38　高庙白陶上只表现为一张嘴的神面

图 2-39　只表现为一张嘴且外围有圆形外框的神面

39），有时会有一个方形外框，有时围绕方形或圆形外框还装饰有开瓣纹样（图 2-40）。表现形式为何会有这样的区别，还有待进一步分析。

更有意思的是，在神面的方形或圆形外框之外，有时又加绘有两对或三对翅膀形装饰（图 2-41）。这自然有特别的含义。

高庙白陶上的神面之獠牙，通常是上下各一对，也有只有一对上牙或下牙的，有四颗和两颗的区别。獠牙也有粗细长短的区别，多见尖长形（组图 2-42）。

图 2-40　神面的圆形外框上装饰有开瓣纹样

第二章　獠牙神面　159

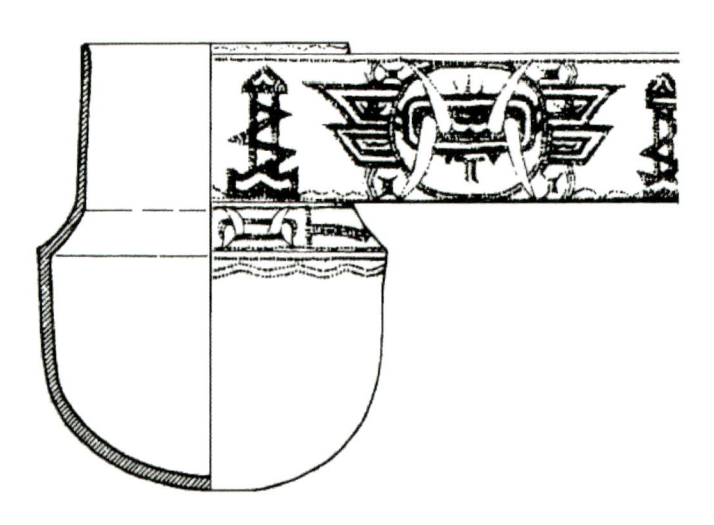

图 2-41　外围有圆形或方形外框，以及翅膀形装饰的神面

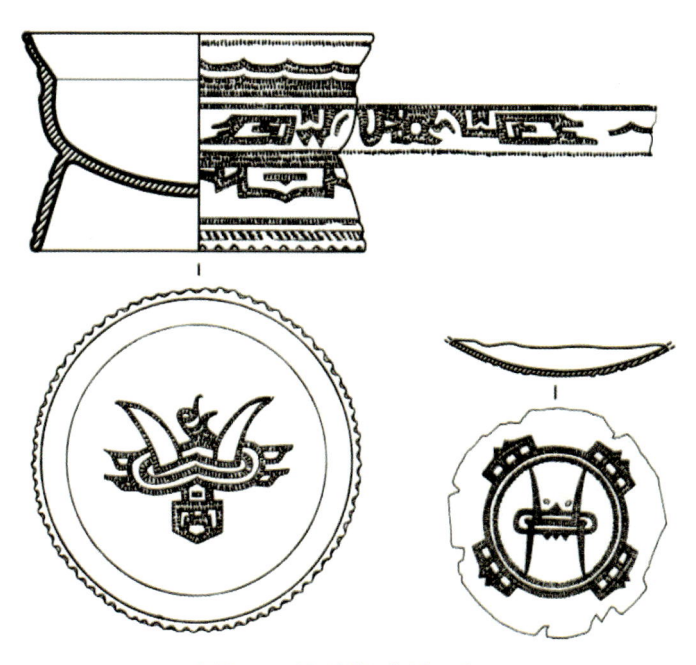

组图 2-42　神面上多见的尖长形獠牙

第二章　獠牙神面　161

近 8000 年前的神面构图最终能够简略到如此形态，应当是经历过了一个很长的演变过程，这样的图像定式不大可能是一下子就被创作出来的。

高庙白陶上的神面虽然大部分只剩一张嘴和一对或两对獠牙，但偶尔还是能见到比较完整的神面刻画。如湖南桂阳千家坪的一件陶簋圈足上有并不十分显眼的獠牙嘴，器腹上有方形的双目和眼眶，头顶上则刻画了冠冕。这应当是比较完整的神面，但大多只有獠牙和嘴形的神面，是最简略的表现形式。

3

在北方大约与此同时或是稍早时期，即距今约8000年的辽河地区分布着兴隆洼文化，在对该文化遗址的考古发掘中也发现了带獠牙的神面雕刻，目前所见有几例玉石制品。

首先要提到的是一件玉神面，出土自内蒙古林西白音长汗遗址。玉神面为椭圆形，表面被磨光，上方琢有弧形凹槽状双目，中部有一道横向凹槽，嵌入的长条形蚌壳应表示牙齿，嘴形两侧又各琢出两道上下对称的凹槽，嵌入尖三角形蚌壳表示两对獠牙，下獠牙在内侧，上獠牙在外侧（图2-43）。这是很重要的发现，不过原来的文本将

图 2-43　白音长汗遗址出土的玉神面

其描述为人面，那显然不准确，它应是神面无疑。

新发掘的属于兴隆洼文化的辽宁阜新他尺遗址，出土了一块长方形石雕。巴掌大小的磨光石面一端刻画有整齐的菱形纹，中间位置雕刻着一个神面。神面有一对圆眼，有山字形鼻梁，咧开的大嘴中龇出两对獠牙。也是下獠牙在内侧，上獠牙在外侧，尖尖的牙形给人非常锋利的感觉（图 2-43）。

另外在内蒙古巴林右旗收藏有征集来的一件神面石雕，据说出自阜新查海遗址，也应当属于兴隆洼文化。这件石雕上的神面与他尺神面形状、大小相若，也琢出了圆形双眼，带明确的鼻孔，咧开的大嘴中刻画有上下两排牙齿，两边是并不明显的獠牙，牙尖没有龇出口腔（图 2-44、图 2-45）。

这两件神面石雕不久前由郭大顺先生所示，并允准在此引论，特致谢意。

兴隆洼文化的这几例神面非常重要，与南方高庙白陶上的神面有所不同，后者只是表现了神嘴神牙，一般连眼睛都省略了，而前者是比较齐全的神面，有嘴牙眼鼻。从这些史前中国的早期神面艺术作品来看，南北都非常强调獠牙的细节，暗示着双方已经存在艺术交流与信仰认同。

图2-44 他尺遗址出土的长方形石雕上的神面

图2-45 据传出土于查海遗址的石雕上的神面

4

目前在红山文化遗址中没有发现明确的带獠牙的神面，但在红山玉龙上找到了我们感兴趣的线索。多数红山玉龙并没有獠牙（图2-46），但在辽宁建平采集到一例有明确上下

图 2-46 红山文化玉龙

图 2-47 有明确上下獠牙的红山文化玉龙

獠牙的玉龙，也是上牙在外侧，下牙在内侧（图2-47）。

我相信在红山文化中，带有獠牙的玉龙不会只此一件，期待将来会有更多的发现。

5

在大仰韶文化中，很少能见到类似的神面艺术品，只能在彩陶上寻找踪影。

说到彩陶，说到半坡文化，又说到神面，当然一定要说说半坡彩陶上的人面鱼纹。西安半坡和临潼姜寨等遗址，都出土有人面鱼纹盆，人面戴着尖顶的鱼形冠，嘴角两侧用鱼纹做装饰，有时冠两侧也用两鱼装饰，呈现出一副非常怪异的神态，一看就知道这不应当是半坡人平常的装束。有时在这样的人面鱼纹之间，还绘有写实的鱼纹。

半坡等遗址出土的彩陶上见到的鱼纹人面，大多没有明确的獠牙。只在其中一件彩陶上，出现了獠牙神面。

在临潼马陵遗址的一件陶瓶上，绘有一个戴着尖顶帽的神面，一双圆圆的大眼，宽大的嘴角向上，龇出一对大獠牙。神面的左右，还绘有一对倒立的大鱼（图2-48）。这个神面獠牙的特点，只有下獠牙，没有上獠牙。

不用太仔细地观察，我们就能做出一个明确的判断：这个属于半坡文化彩陶上的神面纹，与高庙下层文化以及

图 2-48 马陵遗址出土的戴尖顶帽的神面陶瓶

良渚与龙山文化中的神面纹，并没有什么明显的不同，偌大的獠牙是它们共同的特征。不同之处是那两条附加的鱼纹，这是一个很重要的提示——它告诉我们，半坡文化的这一神面，一定与鱼有着密切的关系。这也就是说，它与鱼崇拜有关，它也许正是半坡人心目中的鱼之神。

半坡文化之后的庙底沟文化中，有一件喜怒哀三面骨雕，出自陕西西乡何家湾遗址。这是一件指头大小的骨雕筒，环绕骨筒有喜、怒、哀三个人面，喜与怒两个人面的牙齿似乎表现有獠牙，上下牙都有。如果真是如此，那骨雕表现的应当是神面，而且是表情不同的神面，是非常难得的发现（图2-49）。

图 2-49 何家湾遗址出土的喜怒哀人面骨筒

第二章 獠牙神面 167

6

良渚文化玉器上雕刻的那些神面，有着非常丰富的图像资料，让我们一目了然。

良渚神面与神像被装饰在一些玉牌、玉钺和玉琮等礼器上，神面有向上与向下龇出的獠牙，有庄重与威严之感。从良渚人制作的神面看，有的神面是有体有面的完形，而大多都是简化的只有嘴与眼的神面。

我们在此要选择一些例子来说明。最引人注目的是浙江余杭反山 M12 玉琮王神人像，神像有上下獠牙各一对，下牙排在上牙外内侧，獠牙都龇至嘴外（图 2-50）。

余杭瑶山 M9 出土的一件玉三叉形器，全器满雕神兽面像，大眼大嘴，上下两对獠牙龇至嘴外，上牙在外，下牙在内，均平齐无牙尖（图 2-51）。

瑶山 M10 出土的一件玉三叉形器，较前件三叉形器肥硕，也是满雕神兽面像，同样是大眼大嘴，上下两对獠牙龇至嘴外，上牙在外，下牙在内，牙尖均平齐（图 2-52）。

瑶山 M10 出土的一件玉牌饰，全器满刻神人神兽像，兽面带獠牙，上下獠牙不大清晰，似乎带有牙尖（图 2-53）。

瑶山 M9 出土的一件镯式玉琮，四面的射部刻有相同的神兽面像，大眼大鼻大嘴，上下两对獠牙龇至嘴外，均平齐无尖（图 2-54）。

图 2-50 反山 M12 出土的玉琮王神人像

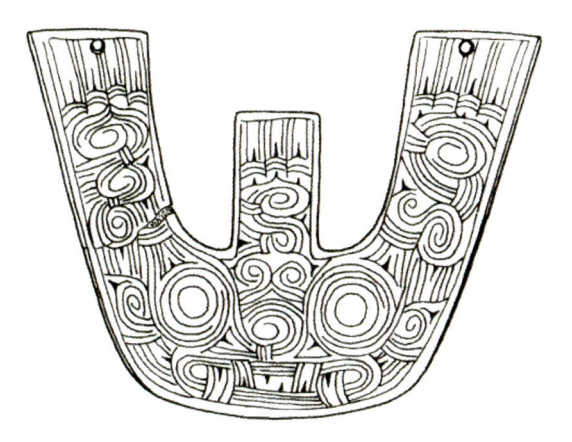

图 2-51 瑶山 M9 出土的玉三叉形器

图 2-52 瑶山 M10 出土的玉三叉形器

图 2-53 瑶山 M10 出土的玉牌饰

图 2-54 瑶山 M9 出土的镯式玉琮

反山 M17 出土的一件玉冠状器上，微刻大眼大嘴神兽面像，上下两对獠牙龇至嘴外，均平齐无尖（图2-55）。

瑶山 M7 出土的一件玉三叉形器，满器刻神兽面像，神兽大眼大嘴，上下两对獠牙龇至嘴外较远处，也是下牙在内，上牙在外，均平齐无尖（图2-56）。

反山 M12 出土的一件玉权杖瑁，满器微刻神兽面像，神兽大眼大嘴，上下两对獠牙龇至嘴外，下牙在内，上牙在外，下牙带尖，上牙平齐无尖（图2-57）。

检索良渚这些微刻的神兽面像，几乎无一例外都有龇至嘴外的上下獠牙，上牙在外侧，下牙在内侧，不过牙尖大多隐没不见，极少出现獠牙锐利的尖锋。这样的艺术效果，实际上是淡化了神像的恐怖感，背后也许另有深意。

图 2-55　反山 M17 出土的玉冠状器

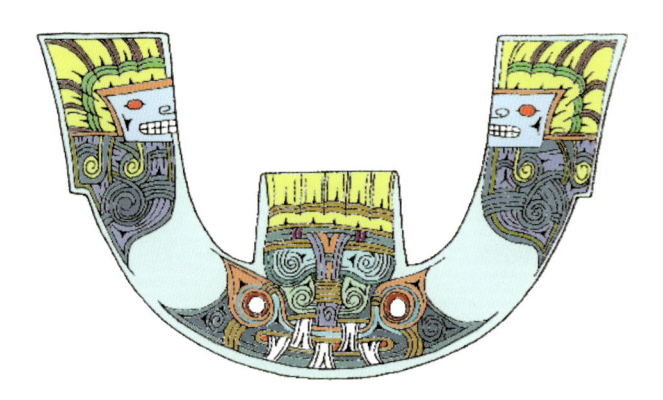

图 2-56　瑶山 M7 出土的玉三叉形器

图 2-57　反山 M12 出土的玉权杖瑁

172　肇造文明：中国史前艺术浪潮·白陶

7

在主要分布于江汉地区的石家河与后石家河文化遗中址也发现了不少玉器，多数玉器小巧精致，其中有一些人面和神面像。要确认它们是人面像还是神面像，主要是看其有无獠牙和鸟形冠饰。那些没有獠牙和鸟形冠饰的就是人面像，应当表现的是人祖崇拜，对于它们本文不拟细述。

在对湖北天门石家河遗址的几次发掘中，都发掘出了玉神面。有一件玉神面头戴鸟形冠，大眼隆准，带有长而尖的上下两对獠牙，上獠牙在外侧，下獠牙在内侧（组图2-58）。

在对湖南澧县孙家岗遗址的发掘中，也发现了一件典型的石家河文化玉神面。神面上有向左右伸出的鸟形冠饰，两对獠牙尖锐而长大，工匠采用阳刻技法将其雕琢得非常精致（图2-59）。

收藏在世界各地博物馆的若干件传世玉神面，是研究者经常提到的藏品，如美国福格美术馆收藏的一件、旧金山亚洲艺术博物馆收藏的一件、大英博物馆收藏的一件，这三件玉神面上都有鸟形冠和獠牙瞪眼的模样。这些藏品的年代并不容易确定，有的可以早到新石器时代，有的可能晚到商周之际。以下这几件玉神面，精工制作，应当是石家河文化的遗物。

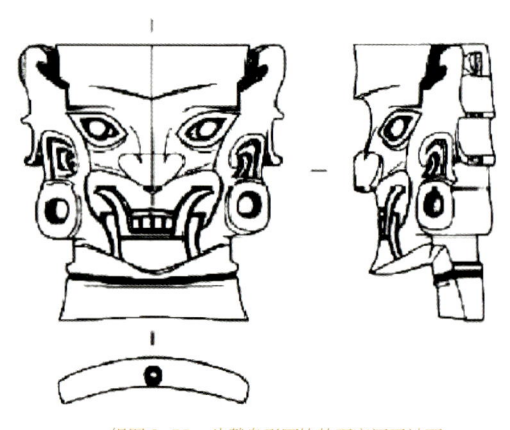

组图 2-58　头戴鸟形冠饰的石家河玉神面

图 2-59　孙家岗遗址出土的石家河文化玉神面

图 2-60　大英博物馆收藏的石家河文化玉神面

第二章　獠牙神面　175

大英博物馆所藏的石家河文化玉神面，造型非常周正，戴鸟形冠饰，大眼隆准，有上下两对长长的獠牙（图2-60）。

美国哈佛大学博物馆所藏的一件石家河文化玉神面，戴鸟形冠饰，饰有耳环，有两对长长的上下獠牙，面目显得非常狰狞（图2-61）。

美国国家博物馆所藏的一件双面雕玉神面，有高冠鸟形饰，两面神像略同，细部小有区别。最明显的不同是一

图2-61　美国哈佛大学博物馆收藏的石家河文化玉神面

面神像有上下两对獠牙，另一面神像没有獠牙（图2-62）。

　　国外其他博物馆藏的几件石家河文化风格的玉神面上，一般也都饰有鸟形冠饰，上下各有一对长长的獠牙，獠牙也都显得非常尖锐。

图 2-62　美国国家博物馆收藏石家河文化玉神面

图 2-63　三代玉神面

8

三代遗存中也出土了一些玉神面,许多研究者认为这些玉神面都与石家河文化有关,并非是三代时期制作的,这样的认识大体已经成为共识(图 2-63)。

如在山东济南大辛庄商代墓葬中发现的一件玉神面,是少见的侧面构型,如果将它还原为正面像,就是很典型的石家河文化风格的鸟冠神面了。神面也有上下两对獠牙,獠牙很尖很长(图 2-64)。

又如江西新干大洋洲商代墓葬中出土的玉神面,是典型的石家河文化风格,也带有上下两对长长的獠牙(图 2-65)。

最值得关注的是在山西曲沃羊舌村西周晋侯大墓中出土的一件玉神面,其为扁平形,双面雕刻神面。正面阳刻狰狞兽面,臣字形大眼,上下均有一对长长的獠牙龇出。头戴鸟形冠饰,也属于石家河文化风格(图 2-65)。

图 2-64 大辛庄商代墓葬中出土的侧面构型玉神面

图 2-65 大洋洲商代墓葬中出土的玉神面

第二章 獠牙神面 179

图 2-66　山西曲沃羊舌村出土的晋侯大墓中的玉神面

9

近年陕西神木石峁遗址出土的石雕神面引起极大关注，我在观察该石雕神面时，并没有发现明确的獠牙刻画，这让人觉得有些意外（图2-67）。

我们知道石家河文化中有一部分人面像是没有獠牙的，之前将这样的雕像归入祖先神之列。石峁的石雕像是否也是这样的性质，还不便很快得出结论。

也可以认为它们是一种过渡期的神像，正从动物神向人神过渡。在过渡中獠牙构图退出了神像造型，所以我们在商周艺术作品中基本见不到獠牙神面。

如殷墟妇好墓出土的偶方彝上面的大兽面就没有牙，更没有獠牙（图2-68）。

还有西周早期兽面纹甗，上面的兽面纹倒是见到上下獠牙，但它只是纯粹的兽，而不是史前那样的带獠牙的人面神。这是商周神兽造型的通例。

图2-67 石峁遗址出土的石雕神面

图 2-68　殷墟妇好墓出土的商代偶方彝

商周神兽带有大獠牙的典型样式，可以在一些大型青铜钺上看到。妇好墓和河北藁城出土的大钺中心部位的张口虎首大张的口中就露着上下獠牙（图 2-69、图 2-70）。

虽说三代再无獠牙神，但也有个别特例不能忽视，如江西新干大洋洲商代青铜双面神像，中空扁体，两面对称，铸作神人首形。有描述称该头像面容神秘诡异，威严恐怖，为半人半神之像。我注意到这个神像是带有獠牙的，但只有一对下獠牙，而且这獠牙的尖是蜷曲的，可能是制作者有意将那种威慑隐藏了起来（图 2-71）。

只剩下了一对下獠牙，而且牙尖还蜷曲着，这与史前的神面风格迥异，让我们看到了神面的獠牙已经不如先前那样重要的证据。

图 2-69 殷墟妇好墓出土青铜钺上的纹饰

图 2-70 藁城出土的商代青铜钺

第二章 獠牙神面

图 2-71 大洋洲遗址出土的商代青铜双面神像

图 2-72 铺首汉画

当然也不是说神面上的獠牙从此就完全消失了，在汉画中偶尔还能见到，如陕北铺首的雕刻神面还带有獠牙，不过只剩下一对上獠牙了（图 2-72）。

10

史前中国的獠牙神面艺术品，在接近 8000 年前的南北方都有发现，在南方高庙文化的白陶和北方兴隆洼文化的石刻中，都出现了獠牙神面。

高庙陶器上刻画的神面，已经是固定的形态，都显露着龇出的獠牙，表现以獠牙为主。神面大都已经相当简化，只留下一张龇着上下两对獠牙的嘴，獠牙既尖且长，使神面的狰狞之态跃然眼前。

仰韶文化彩陶上也绘有獠牙神面，但只有一对下獠牙，是很生动的神面形象。

良渚玉器上微刻的神面普遍都有獠牙，也是上下各一对，只是獠牙一般比较平齐，没有牙尖。这些神面一般被认为是兽面形的，属于何种动物并没有公认的结论。

石家河玉神面以长长的尖利獠牙为特征，獠牙上下各有一对，神面几乎都是人面形（图 2-73）。

白陶的压刻，彩陶的描绘，玉石的雕琢，这三次艺术浪潮掀起的造神运动，留下了类同的神形，按照相同的密

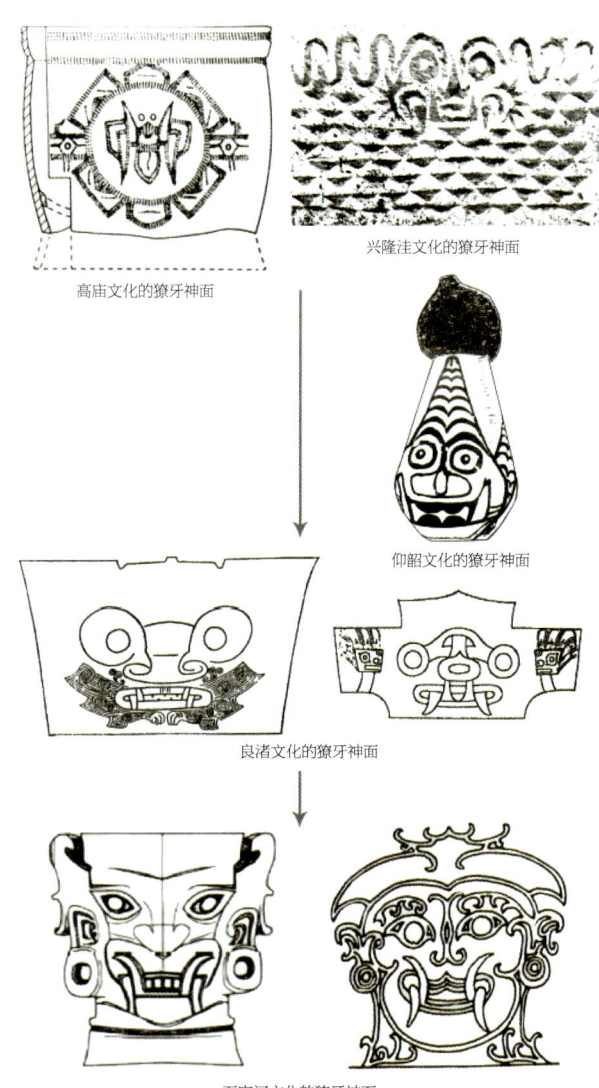

图 2-73 不同文化的獠牙神面

186　肇造文明：中国史前艺术浪潮·白陶

码造势。这已经不只是在艺术层面上对传统的延续，而是形成了信仰体系层面上的认同感，这两方面都值得进一步研究。

对于史前中国艺术创意中的獠牙神面，大体可以得出这样几点印象：流行年代在8000—4000年前，在南北地区大范围流行；獠牙构图基本类似，上下各一对，上牙居外下牙居内，风格一脉相承。

这样看来，獠牙神在史前大范围长时段内获得了认同，可以确定这是对信仰的认同。

11

如何解读獠牙这个不同地区不同时段众神共享的密码，众神共享的密码又为何是獠牙，这样一种在史前就获得认同的信仰与崇拜的内涵又是什么？

这些问题都需要回答，但又未必很容易找到确定的答案。

将动植物人格化，这是史前人造神的固定方式。在给一种动物图像安上一个人面之后，它便有了神格，也就成了神形的固定格式。史前的獠牙神面，正是制作者在人面上加饰了动物獠牙创作而成的。猛兽的威风，都表现在头面上，我觉得角、眼和牙这三要素最是唬人。猛兽是否拥有神格，往往是以是否拥有这三要素为判断标准的，三者并非缺一不可，但至少得有一个要素。以往我已论及角与眼，这一次专论獠牙——这个不可忽略的众神密码。

人本来也有相当于獠牙的犬齿，但一般都长不长，很少有龇出嘴唇外面的犬齿。一些猛兽有明显的獠牙，给人面配上这样的动物獠牙，也使它具有了神性。这样的神既有人的亲和力，又有兽的威慑力。

神面上的獠牙可能选自某种确定的动物，取自野猪或家猪的可能性较大。

由考古发现看，史前人在进行艺术创作时常取材于猪，有野猪也有家猪，因此，造神时借野猪的牙齿一用，也很自然。

红山文化中有带獠牙的玉猪龙，在红山文化之前的赵宝沟文化中已经隐约出现了这样的猪龙，只不过它是被刻画在陶器上的，带长长獠牙的猪与鹿和鸟在一起，我们不怀疑当时的先民已经将神性赋予了它们（图2-74）。

引人关注的安徽含山凌家滩遗址出土了一件大型玉猪，玉猪虽然随玉石之形只是被雕琢出大致轮廓，但它嘴边的獠牙却很明显（图2-75）。

还有江苏常州新岗崧泽遗址出土的一件陶猪，不仅猪体上刻画有花带状纹饰，嘴边的獠牙也被明确刻画

（图 2-76）。

野猪与家猪有别，不必细分这些艺术品表现的是什么猪，只要认定它们是比较厉害的猪就可以了。

图 2-74　赵宝沟陶器上带獠牙的猪龙

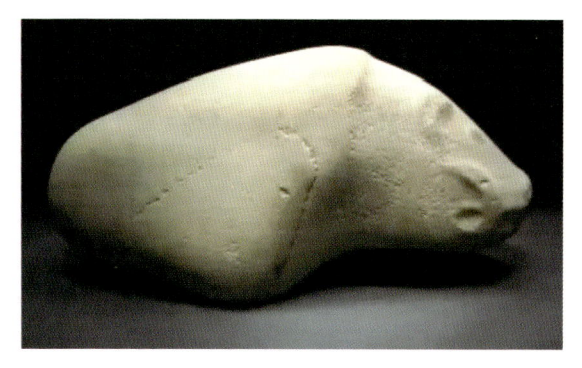

图 2-75　凌家滩遗址出土的玉猪

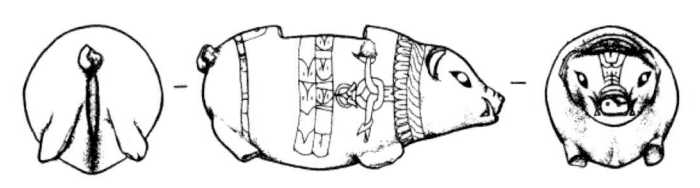

图 2-76　新岗崧泽遗址出土的陶猪

12

为了造神，借着猪的模样，取猪的獠牙，将神武装到牙齿。

獠牙是一些哺乳动物上颌骨或下颌骨上长出来的发育得非常强壮的牙齿。雌雄动物的獠牙长短不同，一般雄性的獠牙长至嘴外。

家猪的獠牙很短，而且生出来时是要被剪掉的，不然仔猪吃奶时会咬伤母猪乳头。野猪没剪过牙，雄性野猪有两对不断生长的露于嘴外的獠牙，被当作武器或掘食工具，雌性野猪的獠牙较短，一般不露于嘴外。野猪獠牙比虎牙更加张扬，显得更加恐怖（图2-77）。

我们观察史前神面可知，上獠牙靠外侧，下獠牙居内侧，南北地区风格一致，这样的特点也与野猪牙齿特征吻合，所以可以初步判断神面之牙，应当参考的是野猪獠牙。

让神面带野猪獠牙，作为一种艺术创意，应当也与流行的野猪崇拜有关。关于中国远古的野猪崇拜，有许多学者进行过探讨，郭静云教授在《天神与天地之道　巫觋信仰与传统思想渊源》中论及此话题，她解释说野猪崇拜之所以消失，是因狩猎社会消逝之后，野猪作为王权和勇武的象征，逐渐被虎崇拜所整合。

《易·大畜》云："豶豕之牙，吉。"注者或解豶为"除其牙也"，《释文》中又说"豕去势曰豶"。不论怎么理解，这里讲的一定是獠牙，猪的獠牙向来被认定是吉物，好东西，可以利制害，驱邪得吉。

图 2-77　野猪及其獠牙

还要提到郭静云的一次名为《商代礼器人面寻钥》的演讲，她搜集商周时期的人面造型，将它们分为四种类型。她明确指出高庙文化的獠牙是野猪獠牙，高庙人是崇拜野猪的。她说北方兴隆洼文化中期有着崇拜野猪的猎民文化。渭河流域的半坡人也崇拜野猪，但只有男性随葬有野猪獠牙，这些男性可能是巫师，野猪獠牙是巫师联络神的法器。

郭静云特别注意到，殷末时期獠牙的意义已经逐渐消失，因为狩猎文化逐渐消失，野猪崇拜被忘记了，野猪獠牙也就不再与神面产生直接联系。

这个判断大体符合实际，獠牙意义的消失时间应当是三代之初，或者更明确地说是石峁文化存续的时代。

獠牙神面和日鸟：大塘遗址的彩陶与白陶

大塘遗址位于长沙市南约 20 千米的湘江东岸。遗址被湘江防洪大堤叠压，大部分已在早年修堤时遭到破坏。1985 年长沙市文物普查时发现了江堤临河滩一侧保存的部分文化堆积，判定其为一种独特的文化遗存。

1986 年 2 月至 3 月，由长沙市文物工作队组织，对遗址进行了抢救性发掘，发掘出的陶器纹饰繁缛，种类丰富。有戳印、拍印、刻画、模印和剔刺形成的圆圈纹、水波纹、绳纹、弦纹和镂孔，以及有戳印、模印、刻画的各种精美图案，图案有鸟、太阳、兽面、水波、山峰、房屋等。

有一部分是彩陶，彩陶分褐彩和红彩两类，还有白陶彩绘鸟纹双耳罐一件，彩绘图案精美。白陶双耳罐由口至颈以褐彩绘有三角水波纹，肩部绘有竖条纹，肩部以下为四组对称的高冠凤鸟，鸟嘴衔枝叶，器耳上绘有四出花瓣纹（组图 2-78）。

发掘者对大塘遗址陶器渊源关系进行探讨后认为，大塘文化遗存受到洞庭湖区皂市下层文化、汤家岗文化和沅水流域高庙下层文化的强烈影响。高庙白陶上压画的日乌，在这里是用彩绘表现的，但风格是一样的。

更重要的是，在一件大塘陶器的底部，压画出了獠牙神面，也有四颗獠牙（图 2-79）。起初这件陶器上的纹

组图 2-78　大塘白陶彩绘鸟纹双耳罐

饰并没有被认定为獠牙神面，那是因为这个发现早于高庙遗址的发掘，当时人们的认知还有明显的局限。

现在，可以确定大塘遗址就是高庙文化神面艺术分布地区的北限。高庙文化的日鸟已经飞到了长沙附近地区，高庙文化的信仰很早就开启了向外传播的历程。

组图 2-79　托大塘陶器盖上的獠牙神面

第三章

日 乌 展 翅

日乌展翅

关于高庙文化的白陶艺术,我们粗略梳理了包括獠牙神面在内的太阳图像,现在要重点关注的是日乌(阳乌)。日乌也许可以被看作白陶艺术的灵魂,在桂阳千家坪遗址出土的白陶上,几乎是无器无日乌,仔细观察那些陶片,鸟首鸟翅的刻画随处可见,高庙人该是多么虔诚地信仰着日乌啊!

初见白陶上的日乌图像时,觉得它们似乎千篇一律,小眼,大头大嘴,伸展着大翅膀,却只有半个鸟身,无下半身,见首不见尾。仔细对比后,我们就有了一个初步的分类方案,大体可以将它们分为以下七个类型。

a式：日乌侧首，平展双翅，全身，带尾。有的下半体并不明显，虽然都是短尾，但鸟尾还是明确的。这一类日乌图像，足以改变我们起初的认知，白陶上的日乌并非全都是半体形象（组图3-1）。

组图 3-1　a 式日鸟图像

b式：日乌侧首，半身，无尾，平展双翅，翅稍略回翘，显得很有力量的样子。在陶器有限的表面上要绘出宏大的场景很困难，为表现日乌的力量，高庙陶工显然做了大胆的取舍，最终绘出了无尾大鸟（组图3-2）。

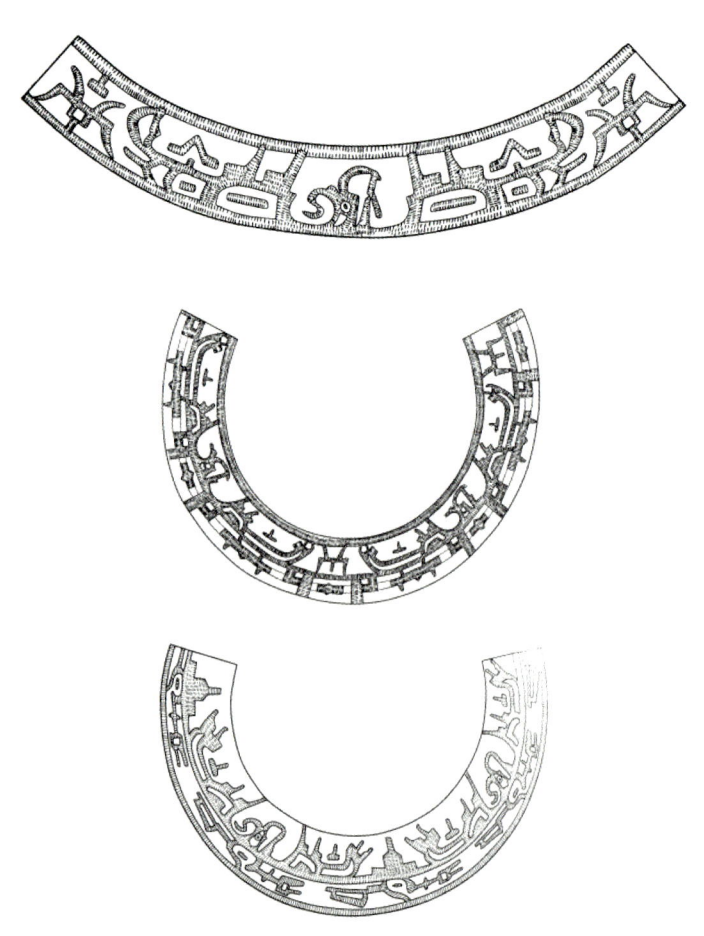

组图3-2 b式日乌图像

c式：日乌侧首，半身，无尾，平展双翅，翅形宽短，显得壮实有力（组图3-3）。

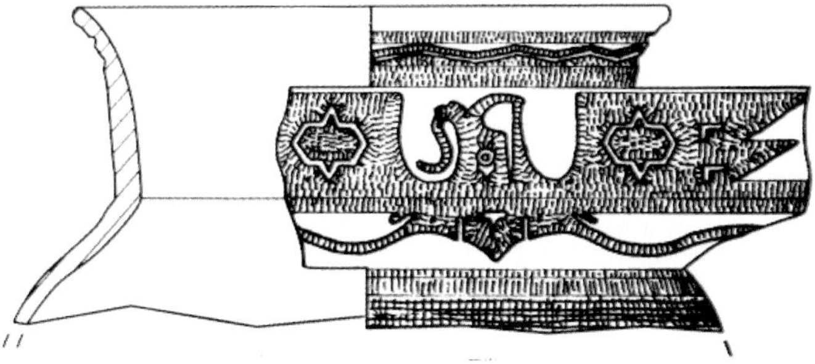

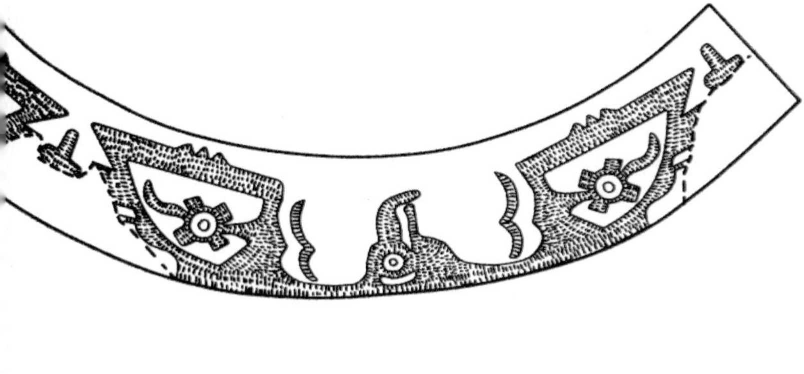

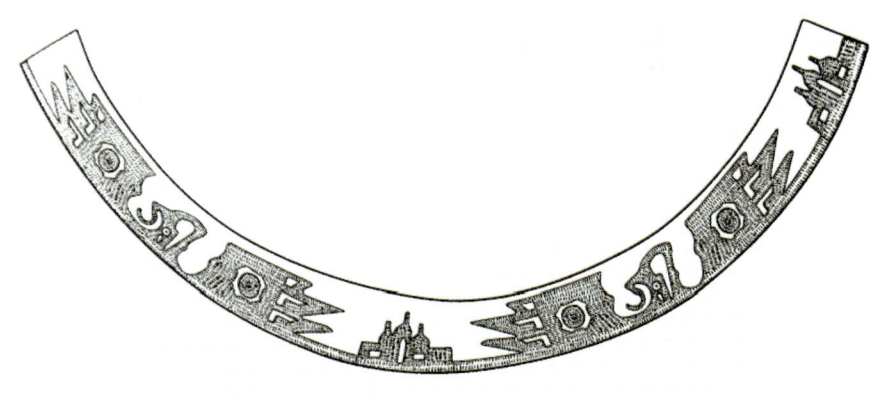

组图 3-3　c 式日鸟图像

d 式：日乌侧身，构型简略，勉强能区分出头尾，表达的只是意象，细部被忽略（图 3-4）。

图 3-4　d 式日乌图像

e式：日乌侧首，鸟体无尾，鸟首现獠牙装饰，有的翅半翘起（图3-5）。

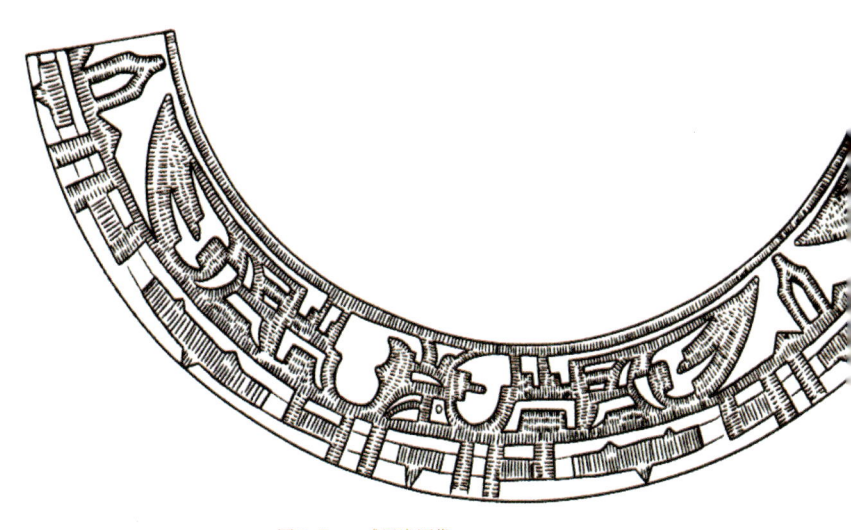

图3-5　e式日乌图像

f式：日乌正面，有双翅但无鸟形，中部为獠牙神面，象征双翅带着神面飞翔。这一类图像对于阐释白陶纹饰的意义，具有非常重要的作用（组图3-6）。

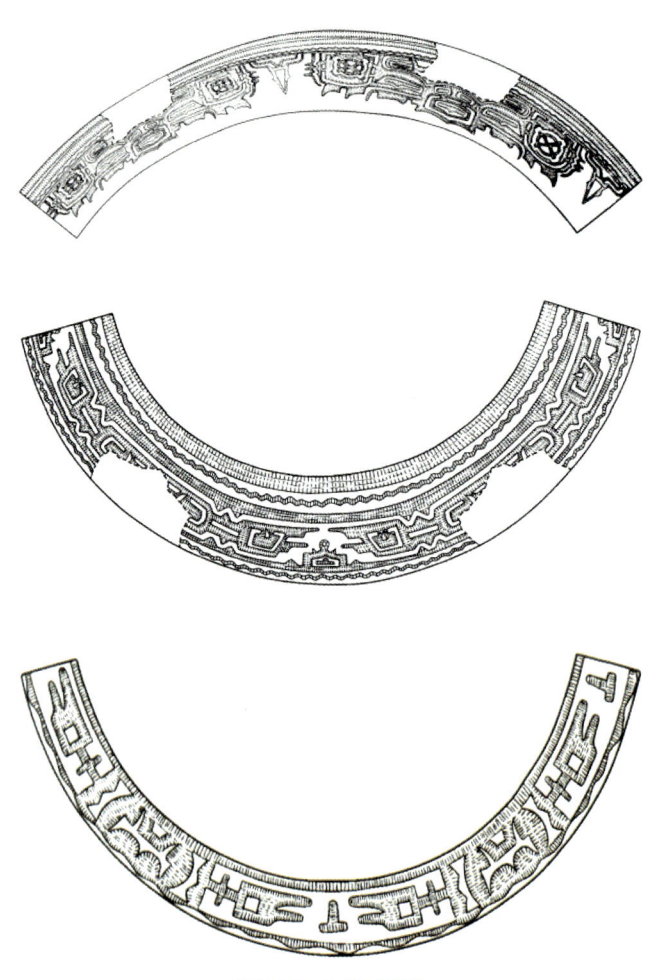

组图3-6 f式日乌图像

g 式：日乌全身，合翅，中体纹饰象征太阳的图形。类似图形少有发现，不能辨明其是正在歇息还是蓄势待发的日乌（图 3-7）。

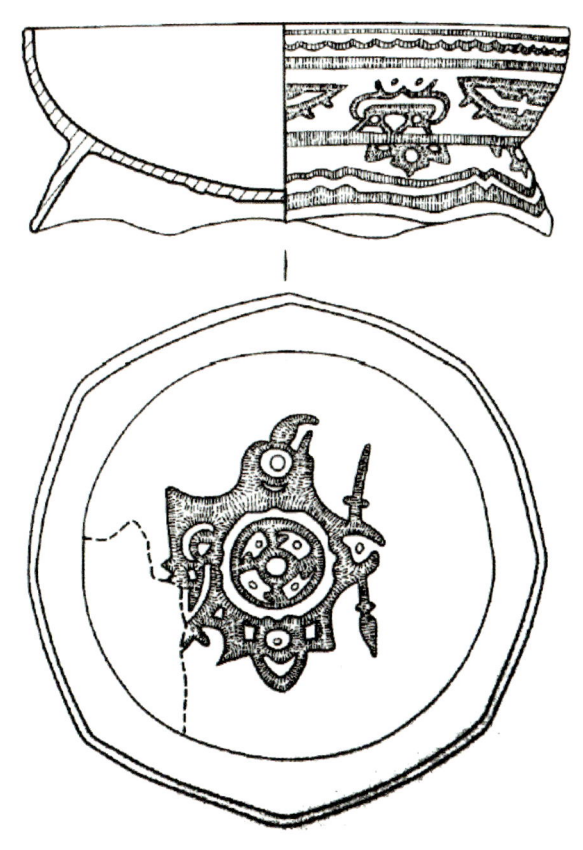

图 3-7　g 式日乌图像

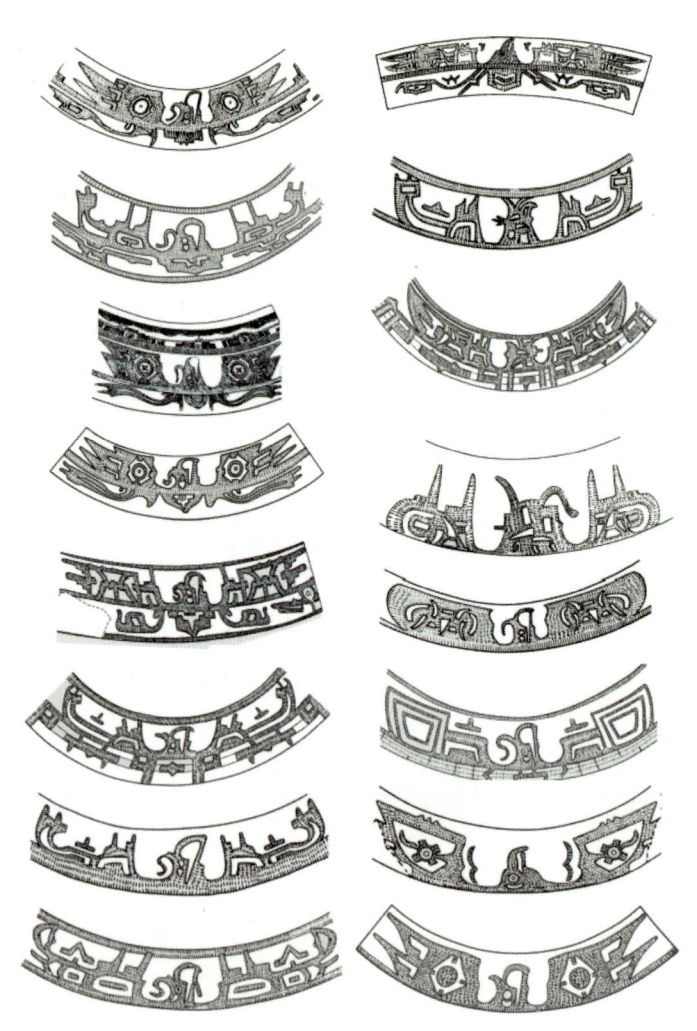

组图 3-8　各种日乌形态，多数头向右侧

多数日乌头向右侧,包括那个少见的全形日乌也是如此。这说明陶工保持着一种思维定式,鲜有改变(组图3-8)。

当然更要强调的是,展翅飞翔的日乌,并非孤独的旅行者,图像中的它们无一例外地与太阳图形同在,是名副其实的日乌。其实古代在日乌与太阳之间,是可以画等号的,日乌就是太阳的另一个符号。

对于白陶的艺术主题,我们通过桂阳千家坪遗址的发掘有了充分的了解,它以表现太阳崇拜为中心,为我们呈现了约8000年前湖湘先民的精神世界。

说罢以日乌为中心的太阳崇拜,我们会想到安徽凌家滩遗址的玉日乌(组图3-9),想到长沙马王堆汉墓T形帛画上的日乌,也会想到汉代画像石和画像砖中频繁闪耀的日乌,知道有着非常久远的根基在支撑着它们的传承。我们也会想起仰韶文化彩陶上被认作日乌的鸟纹,当然更值得提到的是凌家滩文化中出现的鸟体猪首翅玉佩,它是

组图3-9 凌家滩遗址出土的玉日乌

带着以八角星形为标志的太阳展翅飞翔的日乌。

在发现了白陶上的日乌图形之后,再看凌家滩文化的玉日乌,觉得其他所有的解读都属多余,玉日乌与白陶日乌,是一脉相承的太阳崇拜主题艺术佳作。一样伸展双翅的大鸟,驮着一样的八角星形图式的太阳,它自近8000年前就已经开始飞过先民心灵的天空。

(文中白陶插图资料采自湖南省文物考古研究所编《凤舞潇湘:桂阳千家坪出土陶器》,故宫出版社2020年)

日乌的翅膀与太阳崇拜

在洪江高庙遗址下层出土的陶器上出现的纹饰主题，最多的还是飞鸟，我们称它为日乌，即太阳鸟。

日乌纹饰数量很多，也许可以被看作陶器艺术的灵魂，我曾观察桂阳千家坪遗址出土陶器上的各类鸟纹，留下几乎无器无日乌的印象，并将它们分为七类。

在检索了高庙遗址的纹饰资料后，又根据翅膀的区别将它们重新划分为三类，第一类双翅空载，第二类是翅膀上载着不同的太阳象征符号，第三类翅膀上出现了獠牙神面。日乌双翅左右对称，但长短宽窄不一，有的双翅上有长长的翎羽，有的显得比较短小。

第一类日鸟的翅膀彼此也有许多不同，由于没有太多的附加纹饰，构图显得比较简单，翅形以小巧者为多（组图3-10）。

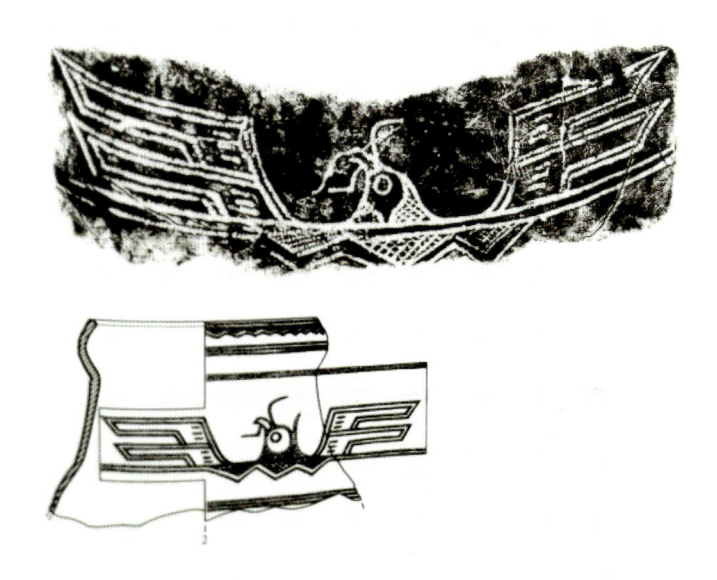

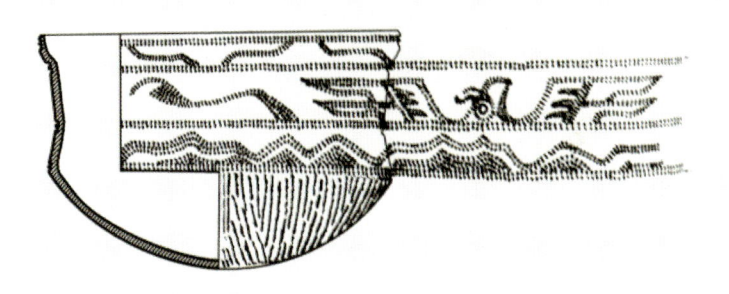

组图 3-10 双翅空载的日乌

第二类日乌的翅膀上，绘有太阳的各类象征符号，繁简都有，有圆形，有方框形，有 T 字形，当然也有八角星形组图（组图 3-11）。表现的是日乌载着太阳在飞翔，可以将日乌理解为太阳的灵魂，可以推测高庙人当时拥有这样的观念。

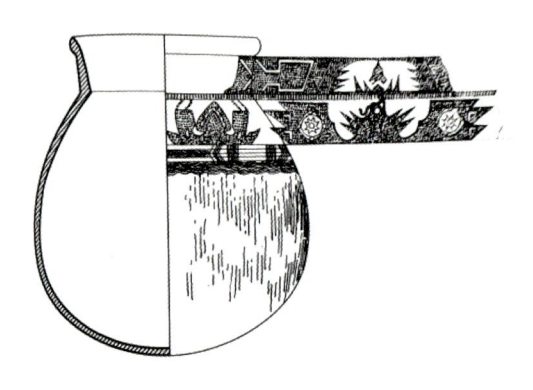

第三章 日鸟展翅 217

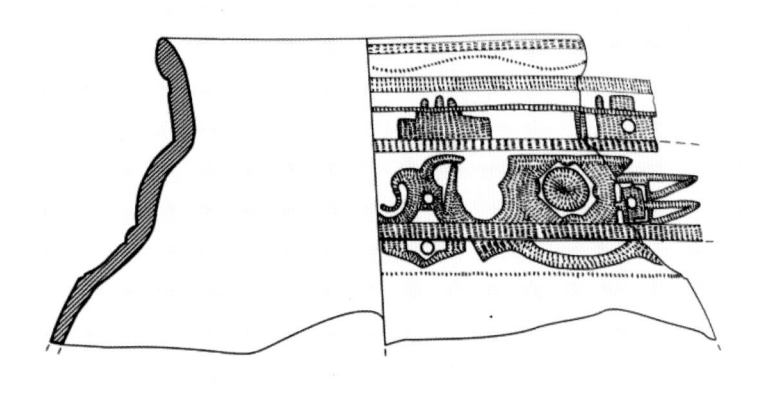

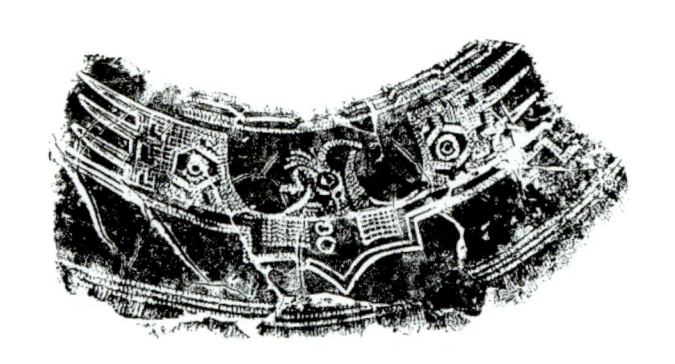

组图 3-11　翅膀上绘有太阳象征符号的日乌

第三类日乌的翅膀上，出现了獠牙神面，同样是象征日乌载着太阳在飞翔（组图 3-12）。

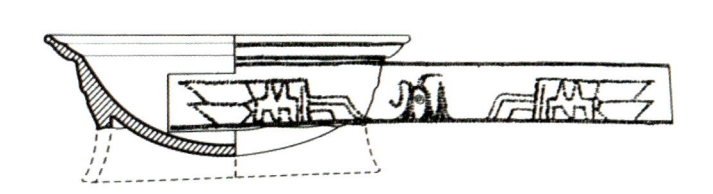

第三章 日乌展翅

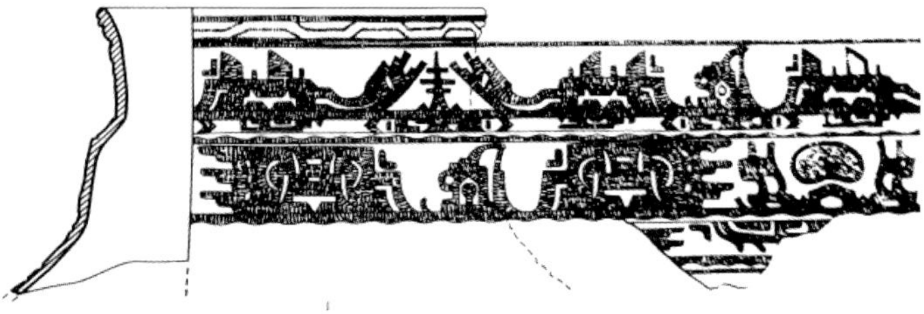

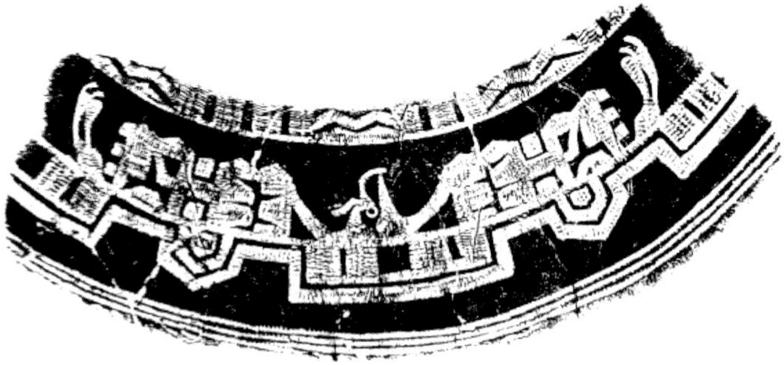

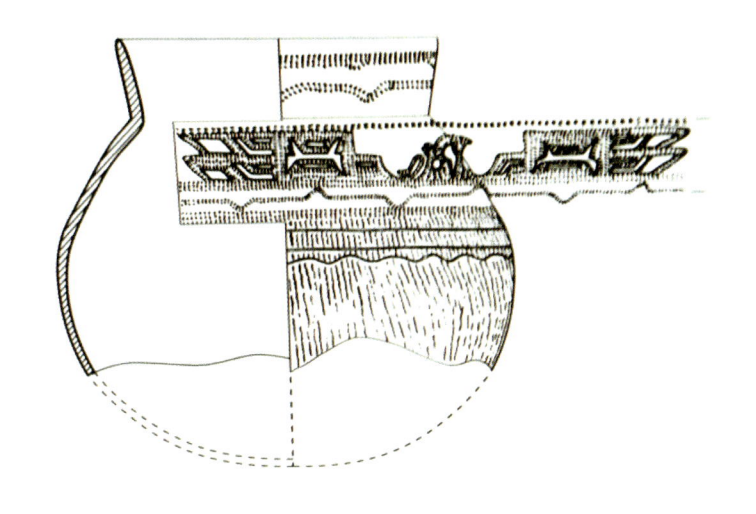

组图 3-12　翅膀上有獠牙神面的日鸟

　　日鸟载着太阳，也载着獠牙神面，再一次告诉我们，太阳与獠牙神面之间是可以画等号的。在千家坪陶器纹饰上，展翅飞翔的日鸟大都与太阳图形同在，是名副其实的日鸟，这这也再次说明了，高庙文化的陶器纹饰主题，就是太阳崇拜。

翻转的纹饰，倒飞的日鸟

高庙遗址给8000年后的我们带来了许多重要信息。保留在陶器上的那些图像，揭示了高庙人精神生活中最重要的内容，那就是太阳崇拜。在陶器上表现太阳符号，表现太阳神，是当时流行的艺术创作技法。

在高庙人大量表现太阳崇拜的艺术作品中，日鸟，即我们现在所说的阳鸟，是出现最多的形象。日鸟形态虽然有诸多变化，但是大头长喙宽翅却是流行风格。此外瞠目昂首向上，翼展左右对称，也是常见的构图。

但是在阅读考古报告的过程中，我们发现了

姿态独特的图像标本。构图中日乌向下俯视，似是从天而降的姿态。据不完全统计，这样的图像有十多件。有意思的是，有俯飞日乌图像的陶器形制都很接近，几乎都属于带圈足的小型盘状器和簋类器。日乌图像一般被布置在中腹位置，器口位置则为简单的几何图形（组图3-13）。

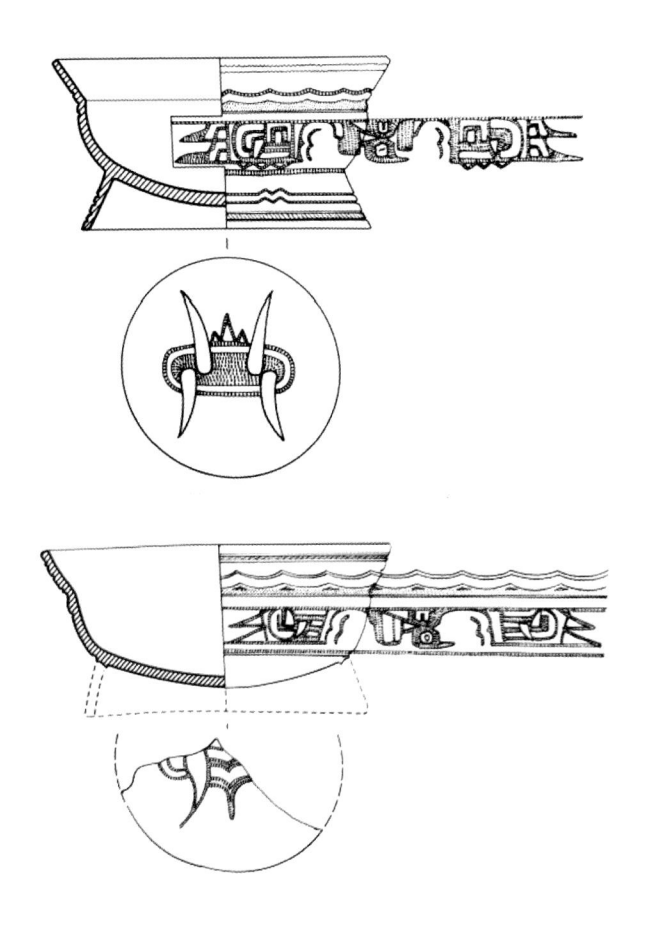

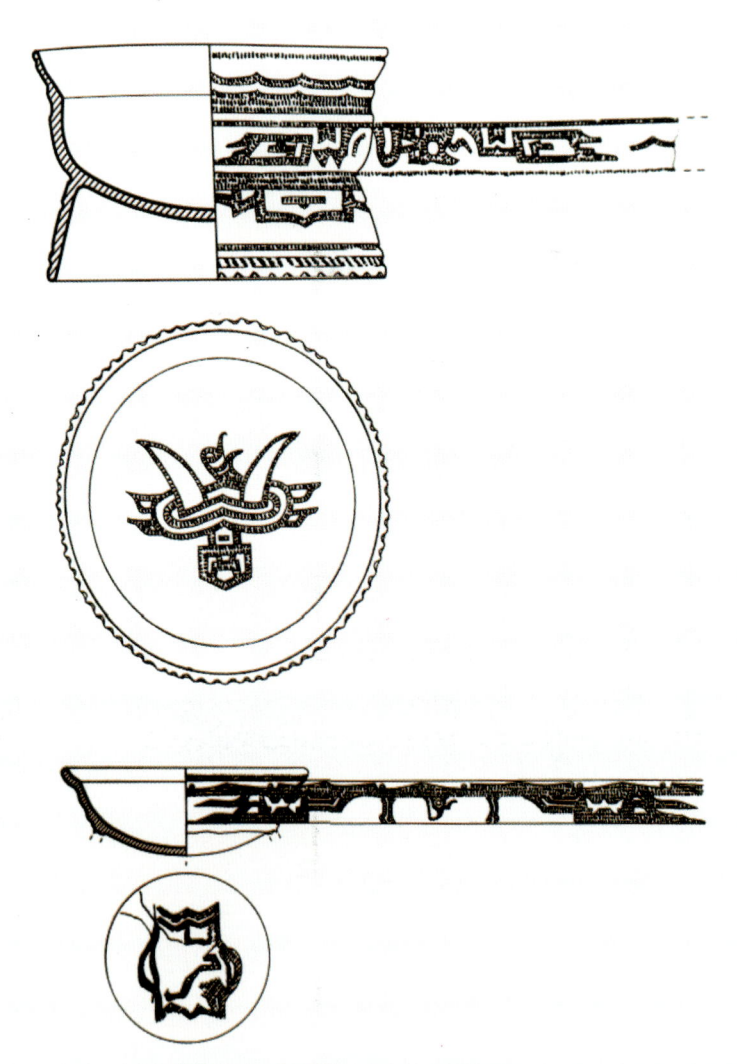

组图3-13 向下俯视，似是从天而降的日鸟图像

其中有一例图像上没有完整的日乌图形，但有带翅膀的獠牙神面，这个神面也是倒置的（组图3-14）。

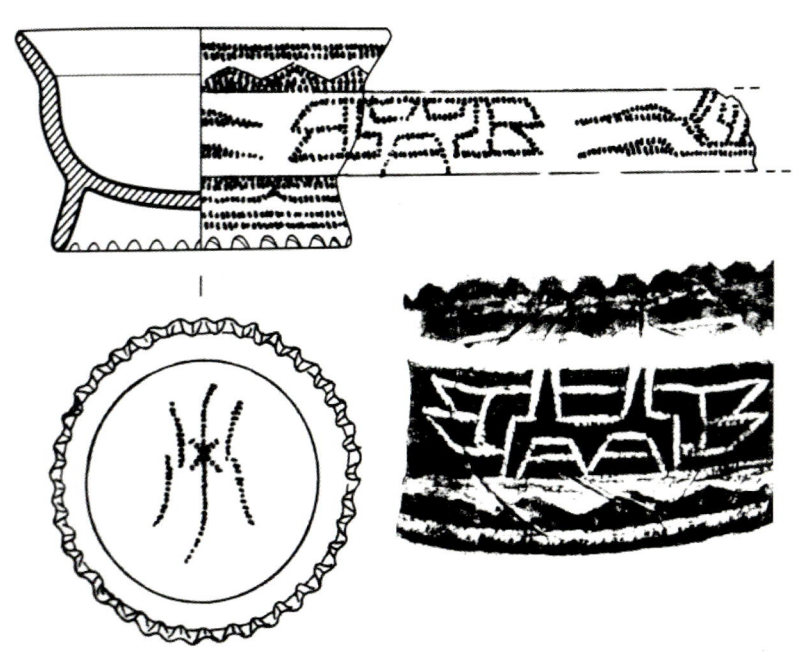

组图3-14 没有完整日乌图形的纹饰

如果将这些陶器标本倒过来观察，将被认作圈足的部位朝上，日乌就变成了正常向上的姿态，展开翅膀昂首高飞（组图3-15）。

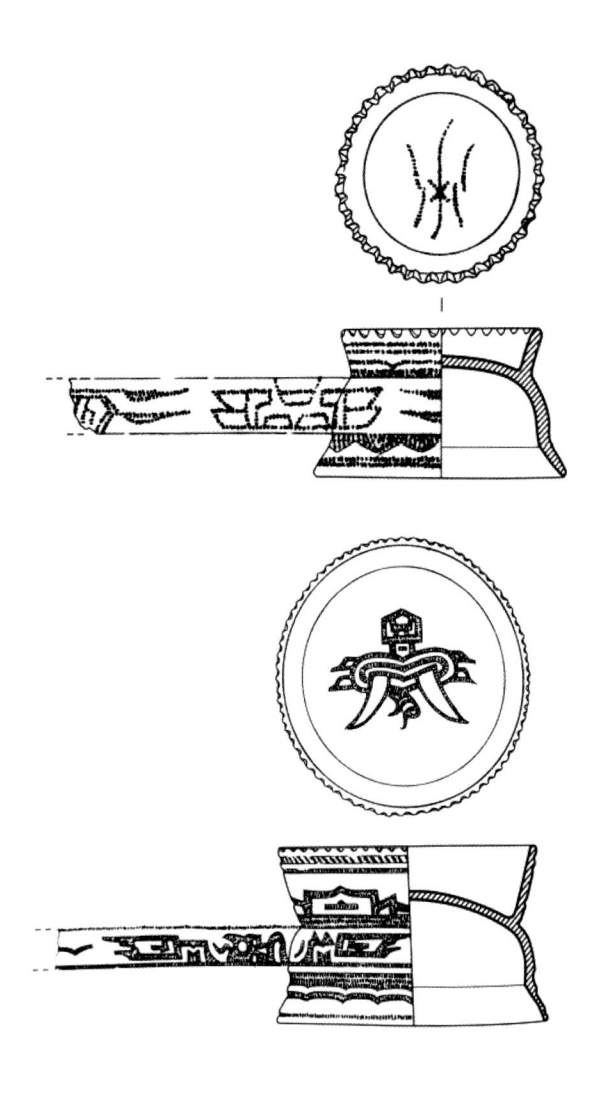

第三章 日乌展翅 227

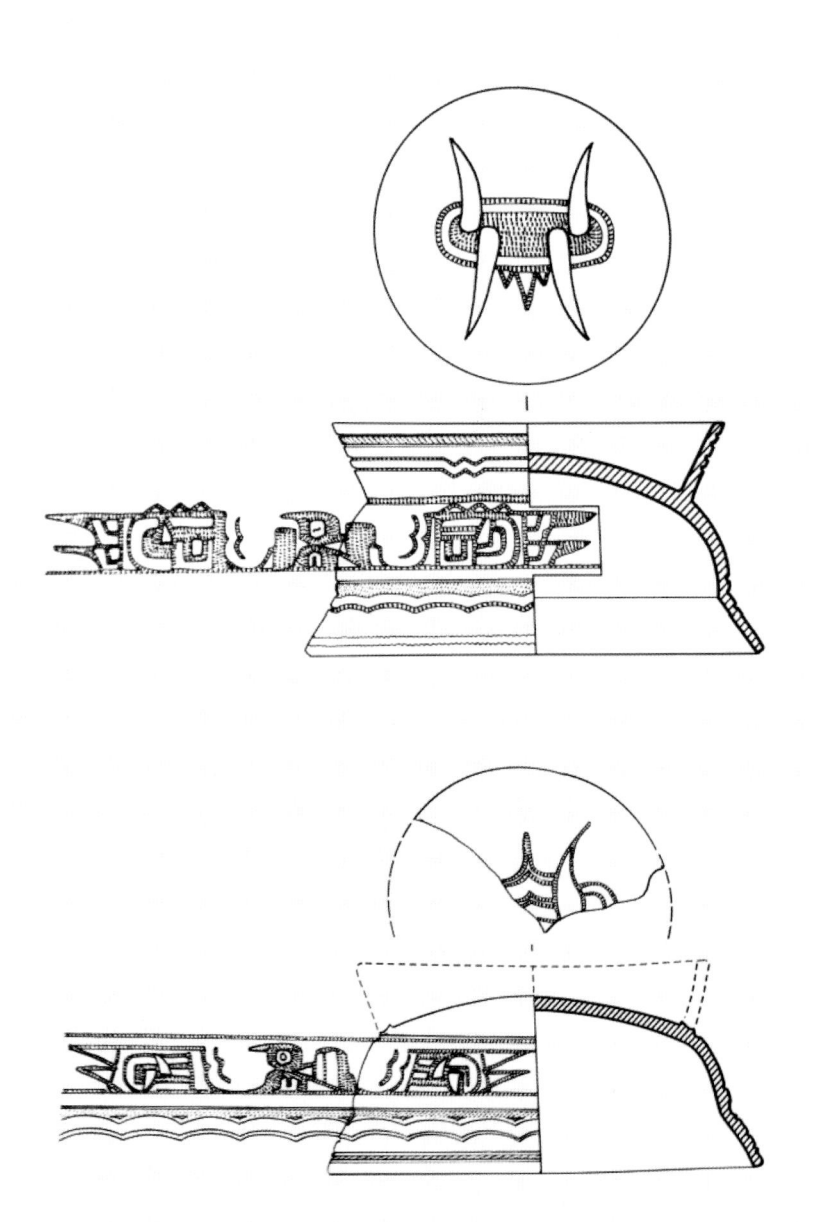

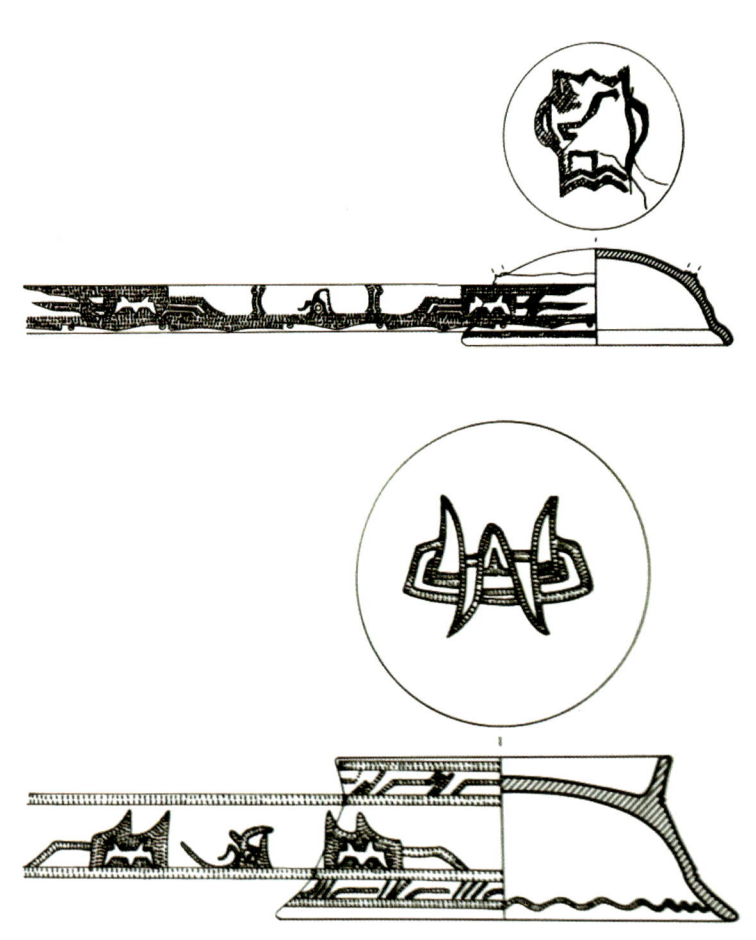

组图 3-15　将陶器倒置之后，其上正常高飞的日鸟图像

228　肇造文明：中国史前艺术浪潮·白陶

我又检视了桂阳千家坪遗址的资料，也发现了几例类似标本，之前都是反置器物倒观纹饰，所以看到的也是倒飞的日乌图像，器物底面上也刻画有纹饰。它们也都属于器盖之类，反转来观察问题就解决了（组图3-16）。

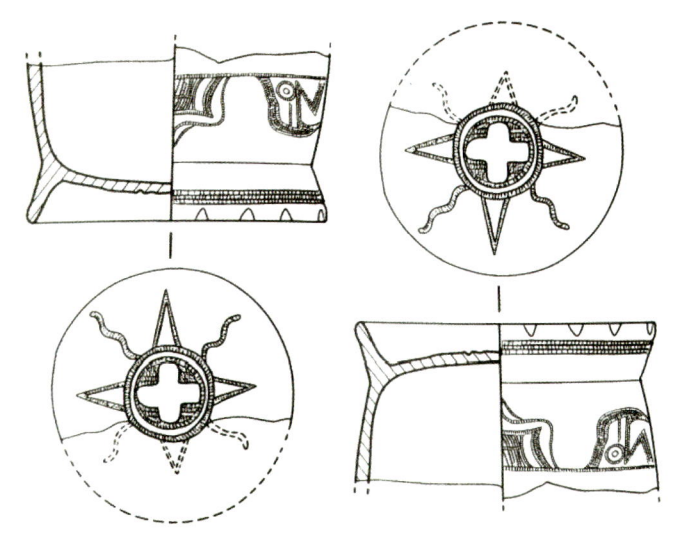

组图3-16　千家坪器盖上纹饰的倒视与正视图

其实这样的器物，可能一开始就被误读了，它们都不是盘类或簋类器，而是器盖。正因为是器盖，所以盖面上都绘制有流行的獠牙神面之类的图案。如果将它们看作盘类器，图案就会被掩藏在器底，不便于观赏，那就不合常理了。翻转过来看，盖面的纹饰出露了，倒飞的日乌也昂首高飞了。

罕见的侧飞影子

　　高庙陶器上刻画的大部分日鸟，虽然鸟首为侧视，但整个鸟身却是正视构图，左右翅膀对称展开，呈向上高飞之势。但也有个别日鸟为侧身之形，显得比较特别。

　　高庙文化有一件侧影日鸟圈足盘，是非常少见的例子。盘上的日鸟大头圆眼尖喙，头顶有飘逸的冠翎。特别的是，在它长长的脖颈和尾羽中部出现了獠牙神面，而且是省略的半个神面，一个神面上只有两颗獠牙（图3-17）。

　　更特别的是，在这个日鸟的身体上，出现了一个正观的神面，圆圆的双眼，微张的口唇，唇边左右似带有横飘的须髯。格外引人注目的是，神面头顶上还戴有双层翘檐冠，但嘴里却没有獠牙。不过在神面左右的鸟体上有半开的獠牙（图3-18）。这应当是高庙陶器上少见的一个神面，它究竟表现的是不是神面的獠牙呢？

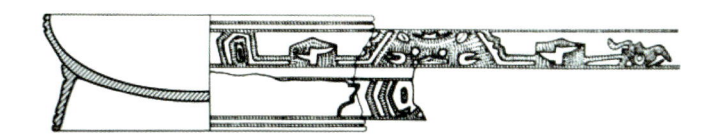

图3-17 高庙陶器上的侧身日鸟

图3-18 高庙侧身日鸟上的神面

第三章 日鸟展翅　231

如果是的话，这样的表现方式又是一个特例。

侧影的日鸟，且是与獠牙共体的图像，在高庙遗址下层陶器上发现得很少。但类似侧视的日鸟图形，在桂阳千家坪遗址出土的陶器上有多例（图 3-19）。当然千家坪陶器上的图像，相较于高庙的这一例，构图更为简略，只是一个轮廓而已。

日鸟也是日神的一种模样，是高庙人造神时的作品，是一种艺术创造。这样的艺术创造将日鸟形体进一步符号化，也可能会有更加简略的造型和构图，还有待继续研究辨识。

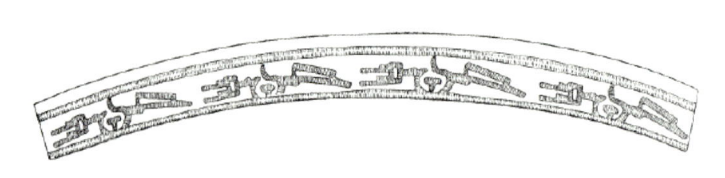

图 3-19　千家坪陶器上的侧身日鸟

日鸟图谱

什么叫日鸟呢？包括我自己，一直都称之为太阳鸟，太阳神鸟。其实日鸟在古代就是太阳鸟，古时也称其为三足乌，是太阳的化身。

从文献中我们可以看到日鸟的习性，比如唐代方干《感时》诗中有"日乌往返无休息，朝出扶桑暮却回"之句。刘向的《五经通义》，还有焦赣的《易林》都提到日中之乌，三足孤乌，灵明为御。传说现在这个太阳，是一个雄鸟，九只雌鸟都让羿给射杀了。金沙的金箔日乌，惯常被称作太阳神鸟，现在是中国文化遗产的标志，这个选择非常得体、恰当，它的结构的确超越了所有候选者（图 3-20）。

关于太阳的旋转、运动，其实在史前彩陶上就有表现。辛店彩陶上就画有旋转的太阳纹（图 3-21）。

考古发现有白陶上的日乌，有彩陶上的日乌（图 3-22），红山的玉鸮（图 3-23），还有三星堆的铜鸟都可能是日乌（图 3-24）。

图 3-20　金沙金箔日乌

图 3-21　辛店彩陶上旋转的太阳纹

图 3-22　仰韶彩陶上的日鸟

第三章　日鸟展翅　235

图 3-23 红山玉鸮

图 3-24 三星堆铜鸟

图 3-25　河姆渡文化刻画双鸟图像的象牙

还有河姆渡文化的双鸟图像,我们一般都叫它双凤朝阳,其实就是一对鸟,陪着一个太阳在运行(图 3-25)。

彩陶上的日鸟是比较多的,我总结出了仰韶鸟纹饰体系(图 3-26)。

图 3-26　陕西华县泉护村遗址出土的仰韶文化鸟纹彩陶

第三章　日鸟展翅　237

龙山文化玉器上面的鸟其实是一只鹰，这个鹰跟石家河发现的相似，它的冠就是一个鸟的形状，但不容易看出来（图3-27）。

图 3-27　龙山文化玉鸷

三星堆的鸟很多（图3-28），其中有一件神坛的四个面上，有四个人面鸟身的形象，神坛的四个角上站都着鸟（图3-29）。

图3-28 三星堆人面鸟身铜像　　　图3-29 三星堆青铜神坛上的人面鸟身像

还有一件三星堆出土的陶鸟，眼睛被刻画成了太阳，它真的就是日鸟（图3-30）。殷墟妇好墓发掘出来的玉鸟（图3-31），跟石家河玉鸟的形象很接近（图3-32）。

图 3-30　三星堆陶鸟被刻画成太阳的眼睛

图 3-31　殷墟妇好墓出土的玉鸟

图 3-32　石家河遗址出土的玉鸟

第三章　日乌展翅

到底有没有三足乌，唐代段成式的《酉阳杂俎》中提到"天后时，有献三足乌……以为周室之瑞"，说明古人相信有三足乌的存在。马王堆帛画上画有日乌（图3-33）。山东汉画里的日乌，更接近我们平时能看到的一些鸟，有点像凤鸟的样子（组图3-34）。

图3-33 马王堆汉墓帛画上的日乌

第三章 日乌展翅 243

组图 3-34 汉画里的日鸟

高庙白陶日乌图像上出现的是太阳，白陶上还有很多的獠牙图形，有的在日乌附近，有的直接在日乌翅膀上，它也是太阳的符号。

最近三星堆新出土的方形玉座，四面都有纹饰，相对的位置刻有兽面，还有日乌（图3-35），而且这个日乌在金沙的一件玉璧上也出现过，两者形体非常接近（图3-36）。

很奇怪的是在美洲的玛雅文化里，也出现了这样的太阳鸟，它的眼睛就是一个旋转的太阳（图3-37）。

图3-35　三星堆新出土的方形玉座

图3-36　金沙刻画日乌的玉璧

第三章　日乌展翅　245

图 3-37 玛雅文化太阳鸟

由高庙文化白陶的发现，我们知道了近 8000 年前南方有了成熟的关于太阳崇拜的艺术，日乌图像频繁出现在日用陶器上，几乎所有陶器上都有，说明这是全民信仰。我们可以深刻感受到，那种大头、有獠牙、带太阳符号的双翅，是日乌最初的形象。这样成熟的艺术表达方式，已经使用了让人有些费解的象征手法，将简洁的符号定型化，便于复制与传播。

相似的日乌在仰韶文化、石家河文化、龙山文化中一直在飞翔，艺术载体有彩陶与玉雕。到了古蜀文化中，日乌有了青铜雕像，有了人面鸟身的造型，更出现了用金箔雕刻的形象。不过到了汉画时代，与太阳同在的日乌又开始回归自然，变成与人十分亲近的模样。

日乌在中国神话和艺术的天空中飞过了几千年的时光，是弘扬古代宇宙观的一个最生动的符号。白陶上的日乌，已经是非常成熟的艺术形象了，相信类似的日乌神话艺术一定出现在更早的年代。

高庙文化的传统在延续，在更大范围的认同中传播。仰韶文化彩陶上也绘有獠牙神面，良渚文化玉器上微刻的神面普遍有上下各一对獠牙，石家河文化的玉神面以长长的尖利獠牙为特征。白陶的压刻，玉石的雕琢，彩陶的描绘，这三次艺术浪潮掀起的造神运动，留下了类同的神形，按照相同的密码造势。这已经不只是艺术层面上对传统的延续，更是信仰体系层面上的认同。史前中国艺术创意中的獠牙神面，流行年代在 8000—4000 年前，风格一脉相承。獠牙神面在史前大范围长时段被认同，可以确定这是先民对崇拜与信仰的认同。

高庙文化日乌的象征图形，一直传承到汉唐。而汉唐流行的柿蒂纹和连珠纹，也都能在高庙文化中寻找到源头，而与八角星形纹饰共存的四瓣式方花和连珠式太阳纹，在高庙文化早期就已经成为定式被装饰在陶器上了。

关于太阳崇拜信仰的确立，太阳神话艺术的创造，我们现在所能找到的最早证据，是高庙文化，年代早到近 8000 年前。这个起点还会不会被刷新呢？也许会，我们拭目以待，不过现在我们相信这是最早的纪录。近 8000 年前的神面构图能够简略到这般模样，应当是经历了一个很长的演变过程，这样的图像定式不大可能是一下子就被创作出来的。在文字没有出现的时代，符号已经形成体系，高庙人创造了史前文明时代的艺术符号体系。

（本文插图中的白陶资料采自湖南省文物考古研究所编《凤舞潇湘：桂阳千家坪出土陶器》，故宫出版社 2020 年）

后 记

在二三十年间，我比较关注考古资料中的艺术史内容。尤其是近几年，在整理旧有认识的过程中，陆续写成一些大小篇章在微信公众号上刊布，引起了一些出版社的注意，陆续约出一些书稿，先后出版问世。这次承蒙陕西人民出版社的厚爱，编辑们从公号中筛查出这样的三部书稿，我心中非常感激。

这三部稿子，表达了我近年思考的一个主题，分别讨论的是史前白陶、彩陶和琢玉艺术，而且明确强调它们都是造神艺术，是信仰艺术。这次陕西人民出版社将相关的图文汇集在一起，以"三次艺术浪潮"为纲出版，也了却了我一个心愿，这也是我为之感激的主要理由。

当然，谈论三次艺术浪潮，这只算是一个开端。这么说主要是因为目前还没有详论这三次浪潮的来龙去脉，收入书中的也并非是所有的论述，在编选中有取有舍。另外需要说明的是，书中篇章从不同角度论述各种图像的含义，同一器物难免重复出现，但所做解读不同，也希望读者能够体谅。

本书的出版就算抛砖引玉吧，希望能引起更多的研究探讨。

感谢陕西人民出版社的编辑们。

作者

2024 年 3 月 8 日

于京中九龙山